Novembre 1855

CRÉDIT FONCIER DE FRANCE.

Siége de la Société : rue Neuve-des-Capucines, n° 19.

PROJET

DE

MODIFICATIONS AUX STATUTS.

NOVEMBRE 1855.

TEXTE MODIFIÉ.   **OBSERVATIONS.**

Par-devant M^e

Ont comparu :

MM.

Les anciens Statuts avaient été faits sans préambule.

L'article 1 disait : *Les comparants fondent... une Société...*, c'est-à-dire ce qu'on allait faire — le préambule, aujourd'hui, dit ce qui a été fait et l'état dans lequel nous trouvons les choses à ce jour.

Les susnommés agissant en vertu d'une délibération du Conseil d'administration du Crédit foncier de France, en date du

Et conformément aux pouvoirs qui ont été donnés au Conseil ou à ses délégués par l'Assemblée générale des Actionnaires du Crédit foncier de France, dans deux délibérations, en date des 29 décembre 1853 et 5 août 1854, et dont extraits sont ci-annexés et seront enregistrés en même temps que les présentes ;

Lesquels ont exposé et arrêté ce qui suit :

En exécution d'un Décret du 28 mars 1852, il a été formé, sous la dénomination de *Banque foncière de Paris*, une Société anonyme, au capital de 25 millions de francs, dont 10 millions furent immédiatement souscrits.

Cette Société avait le droit exclusif, dans le ressort de la Cour de Paris, et pendant vingt-cinq années à partir de l'homologation des Statuts, de faire des prêts hypothécaires et d'émettre des Obligations foncières ou Lettres de gage, aux conditions déterminées par le Décret du 28 février 1852.

Elle pouvait également, avec l'autorisation du Gouvernement, appliquer tout autre système ayant pour objet de favoriser la libération des emprunteurs sur hypothèque.

Les Statuts de cette Société, à laquelle les bénéficiaires du Décret du 28 mars 1852 apportèrent l'autorisation à eux accordée, furent approuvés par le Décret du 30 juillet suivant.

TEXTE MODIFIÉ.

Le 10 décembre de la même année, intervint un nouveau Décret qui, homologuant une convention arrêtée le 18 novembre précédent, entre M. le Ministre de l'Intérieur et les représentants de la Banque foncière de Paris, étendit, sous certaines conditions, le privilége de cette Société à tous les départements où il n'existait pas de Société de Crédit foncier, l'autorisa, sous le contrôle du Gouvernement, à s'incorporer les Sociétés établies, et lui accorda une subvention de 10 millions de francs qui devait être versée proportionnellement à l'importance des prêts effectués.

Conformément à la même convention, la Société prit le nom de *Crédit foncier de France ;* son fonds social fut élevé à 60 millions de francs, divisé en 120,000 actions de 500 fr. chacune.

Dans les Statuts, modifiés en conséquence des actes susénoncés, et approuvés par Décret du 22 mars 1853, il fut expliqué (art. 9) qu'en dehors des 20,000 actions déjà émises, 30,000 actions au capital de 15 millions seraient immédiatement souscrites, que 10,000 actions au capital de 5 millions pourraient encore être émises par décision du Conseil d'administration, dans le courant d'une année, et le surplus, quand la Société aurait atteint le chiffre de 600 millions d'affaires, de manière à ce que le chiffre des actions émises se maintînt dans la proportion de 5 millions par chaque 100 millions d'obligations.

Depuis cette époque, la Loi du 10 juin 1853 et le Décret du 21 décembre suivant ayant rendu nécessaires de nouvelles modifications aux Statuts, un projet, contenant ces modifications et des dispositions additionnelles, fut soumis à l'Assemblée générale des Actionnaires et adopté par elle dans sa séance du 29 décembre 1853. Par la même délibération, l'Assemblée conféra au Conseil d'administration ou à ses délégués les pouvoirs nécessaires pour consentir toutes autres modifications, sur lesquelles ils seraient tombés d'accord avec le Gouvernement, pour introduire dans la rédaction de celles adoptées les changements qui seraient exigés, et pour signer les actes destinés à consacrer les modifications définitivement arrêtées.

C'est en vertu de ce mandat que le Conseil d'administration accepta, par sa délibération du 26 juin 1854, les bases du Décret publié le 6 juillet suivant, qui renferme les dernières modifications apportées à l'organisation du Crédit foncier de France. Ce Décret fut communiqué à l'Assemblée générale. Dans sa séance du 5 août 1854, l'Assemblée approuva l'usage que le Conseil avait fait des pouvoirs à lui conférés le 29 décembre 1853, et continua au Conseil ou à ses délégués les mêmes pouvoirs, à l'effet d'arrêter, de concert avec le Gouvernement, les modifications aux Statuts qui seraient nécessitées par l'application du Décret du 6 juillet 1854.

En conséquence de ce qui précède, et en vertu des pouvoirs ci-dessus énoncés, les comparants ont arrêté que le *Crédit foncier de France* serait désormais régi par les dispositions suivantes :

OBSERVATIONS.

La Loi du 10 juin 1853 modifie le Décret du 28 février 1852, en ce qui concerne les formalités de purge et certaines conditions des prêts.

Le Décret du 21 décembre 1853 annule certaines dispositions de la Convention du 18 novembre 1852, et donne plus de latitude pour le quantum de l'annuité, — latitude développée plus tard encore par le Décret du 6 juillet 1854.

STATUTS

DU CRÉDIT FONCIER DE FRANCE.

TITRE I.

Dénomination de la Société. — Son objet. — Sa durée. — Son siége.

Le Titre I nouveau correspond au Titre I ancien.

L'article 1 ancien est supprimé parce qu'il est devenu inutile par le préambule.

Art. 1.

La Société prend le nom de *Crédit foncier de France*.

Elle a pour objet :

1° De prêter sur hypothèque aux propriétaires d'immeubles des sommes remboursables, soit à long terme par annuités, soit à court terme et sans amortissement. (*Décret du 6 juillet 1854, art.* 8) ;

2° De créer et de négocier des *Obligations foncières* ou *Lettres de gage* pour une valeur qui ne peut jamais dépasser le montant des sommes dues hypothécairement par ses emprunteurs.

L'article 3 des anciens Statuts a dû être placé en tête de l'article 1 des nouveaux, car le nom de la Société est chose substantielle et qui doit indispensablement figurer dans les Statuts. Le préambule est une préface et non le corps de l'acte. — L'article 1 nouveau correspond en outre aux premier, troisième et quatrième paragraphes de l'article 2 ancien, et relate en même temps la faculté donnée à la Société par le Décret du 6 juillet 1854, article 8, de faire des prêts à court terme et sans amortissement.

Art. 2.

La Société peut recevoir, avec ou sans intérêts, des capitaux en dépôt ou en compte courant.

Le premier paragraphe de l'article 2 nouveau correspond au cinquième paragraphe de l'article 2 ancien, qu'il modifie par les mots *avec* et *ou* ajoutés à l'ancienne rédaction qui disait simplement *sans intérêts*. La Société, dès le mois de mai 1853, a reconnu la nécessité d'attacher un intérêt à ses *Certificats de dépôt* ou *Promesses d'obligations*, originairement émis sans intérêt, et elle y a été autorisée par le Gouvernement. Depuis lors, des nécessités plus impérieuses encore ont révélé combien il importait que le Crédit foncier de France, qui n'est qu'une maison de banque à l'adresse de la propriété, pût obtenir, pour assurer la circulation et la disponibilité de ses titres, des moyens analogues à ceux qui, soit à la Banque de France, soit dans toute maison où on fait usage du crédit, assurent cette circulation et cette disponibilité.

OBSERVATIONS.

STATUTS

DU CRÉDIT FONCIER DE FRANCE

ARRÊTÉS

par actes passés devant MM^{es} Casimir NOËL et TURQUET, Notaires à Paris, l'un les 24 et 26 Juillet 1852, le second le 29 du même mois, le troisième le 5 Mars 1853.

TITRE I.

Constitution de la Société. — Son objet. — Sa dénomination. — Sa durée. — Son siége.

Art. 1.

Les comparants fondent, par ces présentes, sauf l'approbation du Gouvernement, une Société anonyme, qui existera entre tous les propriétaires des actions créées ci-après.

Art. 3.

La Société prend le nom de *Crédit foncier de France.*

Art. 2.

La Société a pour objet :

1° De prêter sur hypothèque, aux propriétaires d'immeubles dans tous les départements où il n'existe pas de Société de crédit foncier, et dans ceux dont les Sociétés auront été, avec l'approbation du Gouvernement, incorporées au *Crédit foncier de France* (1), des sommes remboursables par les emprunteurs au moyen d'annuités comprenant les intérêts, l'amortissement, ainsi que les frais d'administration ;

(1) Sont seuls exceptés, quant à présent, les départements de la Nièvre, du Cher, de l'Allier, des Bouches-du-Rhône, du Var et des Basses-Alpes.

TEXTE MODIFIÉ.

Elle peut traiter avec des Compagnies d'assurances françaises ou étrangères pour favoriser la libération de l'emprunteur.

Enfin elle peut appliquer, avec l'autorisation du Gouvernement, tout autre système ayant pour objet de faciliter les prêts sur immeubles et l'extinction de la dette foncière.

Art. 3.

La durée de la Société est de quatre-vingt-dix-neuf ans, à partir du 30 juillet 1852.

Son siége et son domicile sont établis à Paris.

TITRE II.

Fonds social. — Actions. — Versements.

Art. 4.

Le fonds social est fixé à 60 millions de francs. Il est affecté à la garantie des engagements sociaux et spécialement des Obligations foncières.

Il se divise en 120,000 actions de 500 fr. chacune,

60,000 actions sont actuellement émises.

Les 60,000 autres le seront, en tout ou en partie, sur la décision du Conseil d'administration.

OBSERVATIONS.

Le deuxième et le troisième paragraphes de l'article 2 actuel remplacent, avec une modification de rédaction le deuxième paragraphe de l'article 2 ancien, c'est-à-dire en précisant un des moyens à employer pour faciliter la libération des débiteurs. — On comprend en effet que, s'il était possible de s'entendre avec les Compagnies d'assurances sur la vie, qui, moyennant une prime, se chargeraient d'éteindre la dette de l'emprunteur à son décès, il en résulterait un contrat très-avantageux pour la famille de l'emprunteur, et en même temps très-moral et différent à ce point de vue du contrat de rente viagère qui est un contrat d'égoïste.

L'article 3 nouveau comprend les articles 4 et 5 anciens. — On a remplacé les mots : *à partir de l'homologation des présents Statuts* par ceux-ci : *à partir du 30 juillet 1852*, parce qu'autrefois on parlait au futur, et qu'aujourd'hui il faut tenir compte du passé et qu'on fait rétroagir la date au jour où nous avons commencé d'exister.

Le Titre II ancien n'a pas de correspondant dans les nouveaux Statuts, l'article 6 ancien étant supprimé en raison du rappel dans le préambule de l'apport fait par les fondateurs primitifs.

Le Titre II nouveau correspond au Titre III ancien.

L'article 4 nouveau correspond aux articles 7, 8 et 9 anciens relatifs à la constitution du fonds social.

Il est ici encore facile d'apercevoir que les changements de rédaction résultent des faits accomplis et de l'exécution donnée aux mesures approuvées par le Décret du 22 mars 1853, qui a élevé le fonds social de 25 à 60 millions. (*Voir* les renseignements donnés dans le préambule.)

TEXTE PRIMITIF.

2° D'appliquer, avec l'autorisation du Gouvernement, tout autre système ayant pour objet de faciliter les prêts sur immeubles et la libération des débiteurs;

3° De créer, pour une valeur égale à celle des engagements hypothécaires souscrits à son profit, des Obligations produisant un intérêt annuel, remboursables par la voie du tirage au sort, avec ou sans lots et primes, et portant le titre d'*Obligations foncières;*

4° De négocier ces Obligations;

5° De recevoir en dépôt, sans intérêt, les sommes destinées à être converties en *Obligations foncières.*

Art. 4.

La durée de la Société est de 99 ans, à partir de l'homologation des présents Statuts.

Art. 5.

Son siége et son domicile sont établis à Paris.

TITRE II.

Apport de la concession.

Art. 6.

Les comparants apportent à la Société et lui abandonnent, sans réserve et au même titre qu'ils l'ont eux-mêmes reçu, le bénéfice de l'autorisation qui leur a été accordée par le Décret du 28 mars 1852.

En conséquence, la Société demeure subrogée aux droits et avantages résultant de ce décret, à la charge de se conformer aux obligations qu'il impose.

TITRE III.

Fonds social. — Actions. — Versements.

Art. 7.

Le fonds social est fixé à 60 millions de francs.

Il est affecté à la garantie des engagements sociaux et spécialement des Obligations foncières.

Art. 8.

Le fonds social se divise en 120,000 actions de 500 fr. chacune.

Une première série de 20,000 actions est émise.

2

OBSERVATIONS.

TEXTE MODIFIÉ.

Le chiffre des actions émises doit être maintenu dans la proportion du vingtième au moins des obligations en circulation.

Les nouvelles actions ne peuvent être livrées au-dessous du pair.

OBSERVATIONS.

Art. 5.

Les porteurs des actions antérieurement émises ont un droit de préférence, dans la proportion des titres par eux possédés, à la souscription au pair des actions à émettre.

Ceux d'entre eux qui n'ont pas un nombre d'actions suffisant pour en obtenir au moins une dans la nouvelle émission peuvent se réunir pour exercer leur droit.

Le Conseil d'administration fixe les délais et les formes dans lesquels le bénéfice des dispositions qui précèdent peut être réclamé.

L'article 5 nouveau correspond à l'article 10 ancien. La rédaction du troisième paragraphe est simplifiée.

Art. 6.

Le montant des actions est payable à Paris, aux termes qui sont fixés par le Conseil d'administration.

Après le versement de la moitié, il est remis au souscripteur un titre nominatif, portant un numéro d'ordre, et sur lequel les paiements ultérieurs sont inscrits.

Les 50 p. % restant à verser sur les actions émises sont appelés, en totalité ou en partie, suivant les besoins de la Société, au moyen d'annonces insérées, un mois à l'avance, dans deux des journaux de Paris, désignés pour la publication légale des actes de Société.

L'article 6 nouveau correspond aux articles 17 et 18 anciens, dont les dispositions, en ce qui concerne les versements des cinq premiers dixièmes n'ont plus d'objet, puisque tous les versements des cinq premiers dixièmes sont aujourd'hui opérés sur toutes les actions. (*Voir* le dernier Rapport, page 16.)

TEXTE PRIMITIF.

Ces actions sont réparties entre les souscripteurs ci-dessous dénommés, dans les proportions suivantes :

(Suivent les noms des souscripteurs.)

Art. 9.

Trente mille actions au capital de 15 millions seront immédiatement souscrites en dehors des 20,000 actions déjà émises.

Dix mille actions au capital de cinq millions pourront encore être émises par décision du Conseil d'administration, dans le courant d'une année, et le surplus quand la Société aura atteint le chiffre de six cents millions d'affaires, de manière à ce que le chiffre des actions émises se maintienne dans la proportion de cinq millions pour chaque cent millions d'obligations.

Les nouvelles actions ne peuvent être livrées au-dessous du pair.

Art. 10.

Les porteurs des actions antérieurement émises ont un droit de préférence, dans la proportion des titres par eux possédés, à la souscription au pair des actions à émettre.

Ceux d'entre eux qui n'ont pas un nombre d'actions suffisant pour en obtenir au moins une dans la nouvelle émission, peuvent se réunir pour exercer leur droit.

Un règlement, arrêté par le Conseil d'administration, fixe les délais et les formes dans lesquels le bénéfice des dispositions qui précèdent peut être réclamé.

Art. 17.

Le montant des actions est payable à Paris, aux termes qui sont fixés par le Conseil d'administration.

Pour les 20,000 actions actuellement souscrites, les versements auront lieu comme suit :

10 pour 100, ou 50 fr. par action, au moment même de la souscription ;

40 pour 100, soit 200 fr., vingt jours après l'insertion au *Moniteur* du décret d'autorisation des présents Statuts ;

Et les derniers 50 pour 100, conformément aux appels faits par le Conseil d'administration au moyen d'annonces insérées, un mois à l'avance, dans deux des journaux de Paris désignés pour la publication légale des actes de Société.

Ces derniers 50 pour 100 devront être appelés en totalité, lorsque le chiffre des emprunts aura atteint 50 millions, ou, au plus tard, dans le délai d'une année, à partir du décret approbatif des présents Statuts.

OBSERVATIONS.

<table>
<tr><td>TEXTE PRIMITIF.</td><td>OBSERVATIONS.</td></tr>
</table>

Art. 7.

Toute somme dont le paiement est retardé porte intérêt de plein droit en faveur de la Société, à raison de 5 pour 100 par an, à compter du jour de l'exigibilité, sans demande en justice.

L'article 7 nouveau reproduit textuellement l'article 20 ancien, — seulement il a paru plus logique de le placer ici.

Art. 8.

A défaut de versement à l'échéance, les numéros des titres en retard sont publiés dans les journaux désignés sous l'article 6. Quinze jours après cette publication, la Société a le droit de faire procéder à la vente des actions à la Bourse de Paris, par le ministère d'un agent de change, pour le compte et aux risques et périls du retardataire.

Cette vente peut être faite en masse ou en détail, soit un même jour, soit à des époques successives, sans mise en demeure et sans aucune formalité judiciaire.

Les titres provisoires des actions ainsi vendues deviennent nuls de plein droit, et il en est délivré aux acquéreurs de nouveaux sous les mêmes numéros.

Tout titre qui ne porte pas mention régulière des versements exigibles cesse d'être négociable.

Cette condition est mentionnée sur les titres provisoires.

Les mesures autorisées par le présent article ne font pas obstacle à l'exercice simultané, par la Société, des moyens ordinaires de droit.

L'article 8 nouveau correspond à l'article 21 ancien. Le chiffre 6 est substitué au chiffre 17, à raison de l'interversion de certains numéros, le mot *titre* substitué au mot *certificat*, et celui de *Société* au mot *Compagnie*. On supprime *certificats* parce qu'il n'y a plus que des *titres*, — et le mot *Société* est introduit comme plus généralement employé que le mot *Compagnie*.

Art. 9.

Le prix provenant de la vente, déduction faite des frais, appartient à la Société et s'impute, dans les termes de droit, sur ce qui lui est dû par l'Actionnaire exproprié qui reste passible de la différence s'il y a déficit, mais qui profite de l'excédant s'il en existe.

L'article 9 nouveau correspond à l'article 22 ancien, sans autre changement que le mot *Société* substitué au mot *Compagnie*.

TEXTE MODIFIÉ.

OBSERVATIONS.

Art. 18.

Le premier versement est constaté par un simple récépissé non négociable.

Lors du second versement, il est remis au souscripteur un certificat provisoire portant un numéro d'ordre, et sur lequel les payements ultérieurs sont inscrits, à l'exception du dernier, qui se constate par l'échange du certificat provisoire contre le titre définitif de l'action.

Art. 20.

Toute somme dont le payement est retardé porte intérêt de plein droit en faveur de la Société, à raison de 5 pour 100 par an, à compter du jour de l'exigibilité, sans demande en justice.

Art. 21.

A défaut de versement à l'échéance, les numéros des titres en retard sont publiés comme défaillants dans les deux journaux désignés sous l'article 17. Quinze jours après cette publication, la Société a le droit de faire procéder à la vente des actions, à la Bourse de Paris, par le ministère d'un agent de change, pour le compte et aux risques et périls du retardataire.

Cette vente peut être faite en masse ou en détail, soit un même jour, soit à des époques successives, sans mise en demeure e: sans aucune formalité judiciaire.

Les certificats provisoires des actions ainsi vendues deviennent nuls de plein droit ; il en est délivré aux acquéreurs de nouveaux sous les mêmes numéros.

Tout certificat qui ne porte pas mention régulière des versements exigibles, cesse d'être négociable.

Cette condition est mentionnée sur les titres provisoires.

Les mesures autorisées par le présent article ne font pas obstacle à l'exercice simultané par la Compagnie des moyens ordinaires de droit.

Art. 22.

Le prix provenant de la vente, déduction faite des frais, appartient à la Compagnie et s'impute, dans les termes de droit, sur ce qui lui est dû par l'Actionnaire exproprié qui reste passible de la différence, s'il y a déficit, mais qui profite de l'excédant, s'il en existe.

TEXTE MODIFIÉ.

Art. 10.

La Société peut créer ses titres d'actions libérées, nominatifs ou au porteur.

Ces titres sont extraits d'un registre à souche, numérotés et revêtus de la signature du Gouverneur et de celle d'un Administrateur.

Ils portent le timbre de la Société.

Art. 11.

Les titres nominatifs se négocient par un transfert inscrit sur les registres de la Société et signé par le cédant et le cessionnaire.

Mention du transfert est faite au dos du titre par le Gouverneur.

La Société peut exiger que la signature des parties soit certifiée par un agent de change, et, dans ce cas, elle n'est pas responsable de la validité du transfert.

Les titres au porteur se transmettent par la simple tradition.

Art. 12.

Tout Actionnaire peut déposer ses titres dans la caisse sociale et réclamer en échange un récépissé nominatif.

Le Conseil d'administration fixe les droits auxquels le dépôt peut donner lieu au profit de la Société.

Art. 13.

Chaque action donne droit dans la propriété de l'actif social et dans le partage des bénéfices, à une part proportionnelle au nombre des actions émises.

Les dividendes de toute action, soit nominative, soit au porteur, sont valablement payés au porteur du titre.

OBSERVATIONS.

L'article 10 nouveau, correspondant à l'article 11 ancien, contient une différence essentielle et très-utile à la Société, en ajoutant, à la faculté d'émettre des titres *au porteur* la faculté d'en émettre de *nominatifs*, pour pouvoir donner satisfaction aux préoccupations du public qui souvent préfère les uns aux autres.

L'article 11 nouveau correspond à l'article 19 ancien.

Dans le premier paragraphe de l'article 19 ancien, *titre provisoire* est synonyme de *titre nominatif*, puisque, sous l'empire des Statuts primitifs, les titres provisoires sont seuls nominatifs; dans les Statuts modifiés, au contraire, les titres définitifs aussi bien que les titres provisoires d'action pouvant être nominatifs, les mots *titres provisoires* ne suffiraient plus, et, la forme des transferts restant d'ailleurs la même, on doit dire, d'une manière générale, dans le premier paragraphe de l'article 11 nouveau : *les titres nominatifs se négocient.....*

Les mots *Compagnie* et *Directeur* sont remplacés par les mots *Société* et *Gouverneur*.

La disposition ajoutée au troisième paragraphe de l'article 19 ancien est conforme à ce que la jurisprudence a établi en faveur du Trésor. (Cour de Paris, 25 janvier 1834. Sirey, 34, 2, 82.)

Le quatrième paragraphe nouveau est la conséquence nécessaire de la création de titres au porteur; il reproduit le deuxième paragraphe de l'article 11 ancien.

La suppression du quatrième paragraphe de l'article 19 ancien a pour but de laisser les choses dans les termes du droit commun et de ne pas préjuger une question sur laquelle la jurisprudence est divisée. On a jugé en effet quelquefois que le souscripteur primitif d'un titre était dégagé en se substituant un acquéreur.

L'article 12 nouveau correspond à l'article 12 ancien; le mot *Société* est substitué au mot *Compagnie*, et la rédaction du deuxième paragraphe est simplifiée.

L'article 13 nouveau correspond à l'article 13 ancien. — Par l'addition d'un deuxième paragraphe, on a voulu éviter au possesseur de titres nominatifs les frais de procuration pour toucher les arrérages; c'est ce qui se pratique au Trésor pour la rente et dans plusieurs Sociétés anonymes.

TEXTE PRIMITIF.

Art. 11.

Les titres définitifs d'actions sont au porteur.

Les actions se transmettent par simple tradition.

Elles sont extraites d'un registre à souche, numérotées et revêtues de la signature de deux Administrateurs et de celle du Directeur.

Elles portent le timbre de la Compagnie.

Art. 19.

Le titre provisoire se négocie par un transfert, inscrit sur les registres de la Compagnie, et signé par le cédant et le cessionnaire.

Mention du transfert est faite au dos du titre par le Directeur de la Société.

La Compagnie peut exiger que la signature des parties soit certifiée par un agent de change.

Le souscripteur primitif et ses cessionnaires restent engagés jusqu'au payement intégral de l'action.

Art. 12.

Tout Actionnaire peut déposer ses titres dans la caisse sociale, et réclamer en échange un récépissé nominatif.

Le Conseil d'administration règle la forme des récépissés et les droits auxquels le dépôt peut donner lieu au profit de la Compagnie.

Art. 13.

Chaque action donne droit, dans la propriété de l'actif social et dans le partage des bénéfices, à une part proportionnelle au nombre des actions émises.

OBSERVATIONS.

TEXTE MODIFIÉ.

Art. 14.

Les Actionnaires ne sont engagés que jusqu'à concurrence du capital de chaque action ; au delà, tout appel de fonds est interdit.

Art. 15.

Toute action est indivisible. La Société ne reconnaît qu'un propriétaire pour une action.

Art. 16.

Les droits et obligations attachés à l'action suivent le titre dans quelques mains qu'il passe.

La possession d'une action emporte de plein droit adhésion aux Statuts de la Société et aux décisions de l'Assemblée générale.

Art. 17.

Les héritiers ou créanciers d'un Actionnaire ne peuvent, sous quelque prétexte que ce soit, provoquer l'apposition des scellés sur les biens et valeurs de la Société, en demander le partage ou la licitation, ni s'immiscer en aucune manière dans son administration. Ils doivent, pour l'exercice de leurs droits, s'en rapporter aux inventaires sociaux et aux délibérations de l'Assemblée générale.

TITRE III.

Direction et administration de la Société.

SECTION 1. — *Du Gouverneur et des Sous-Gouverneurs.*

Art. 18.

Conformément au Décret du 6 juillet 1854, la direction des affaires de la Société est exercée par un Gouverneur.

Deux Sous-Gouverneurs remplissent les fonctions qui leur sont déléguées par le Gouverneur, et dans l'ordre de leur nomination, celles de Gouverneur, en cas d'absence, vacance ou maladie.

OBSERVATIONS.

L'article 14 nouveau reproduit textuellement l'article 23 ancien.

L'article 15 nouveau reproduit textuellement l'article 14 ancien.

L'article 16 nouveau reproduit textuellement l'article 15 ancien.

L'article 17 nouveau reproduit textuellement l'article 16 ancien.

Le Titre III nouveau correspond aux Titres IV et V anciens, avec un changement dans la rubrique nécessité par les dispositions du Décret du 6 juillet 1854.

L'article 18 nouveau correspond à l'article 24 ancien, modifié conformément aux articles 1 et 2 du Décret du 6 juillet 1854. — Il remplace également les articles 39, 40, 44 et 47 anciens.

TEXTE PRIMITIF.

Art. 23.

Les Actionnaires ne sont engagés que jusqu'à concurrence du capital de chaque action ; au delà, tout appel de fonds est interdit.

Art. 14.

Toute action est indivisible. La Société ne reconnaît qu'un propriétaire pour une action.

Art. 15.

Les droits et obligations attachés à l'action suivent le titre, dans quelques mains qu'il passe.

La possession d'une action emporte de plein droit adhésion aux Statuts de la Société et aux décisions de l'Assemblée générale.

Art. 16.

Les héritiers ou créanciers d'un Actionnaire ne peuvent, sous quelque prétexte que ce soit, provoquer l'apposition des scellés sur les biens et valeurs de la Société, en demander le partage ou la licitation, ni s'immiscer en aucune manière dans son administration ; ils doivent, pour l'exercice de leurs droits, s'en rapporter aux inventaires sociaux et aux délibérations de l'Assemblée générale.

TITRE IV.

Conseil d'administration. — Directeur. — Censeurs.

Art. 24.

La Société est administrée par un Conseil. Un Directeur est chargé de l'exécution de ses décisions.

Les opérations sont surveillées par des Censeurs.

OBSERVATIONS.

<table>
<tr><td>

TEXTE MODIFIÉ.

</td><td>

OBSERVATIONS.

</td></tr>
<tr><td>

Art. 19.

Avant d'entrèr en fonction, le Gouverneur doit justifier de la propriété de 200 actions du Crédit foncier de France, et chacun des Sous-Gouverneurs de la propriété de 100 actions.

Ces actions demeurent affectées par privilége à la garantie de leur gestion.

Elles sont inaliénables pendant la durée de leurs fonctions.

</td><td>

L'article 19 nouveau correspond à l'article 45 ancien, dont le cinquième paragraphe a paru inutile à reproduire comme purement réglementaire.

</td></tr>
<tr><td>

Art. 20.

Le Gouverneur reçoit de la Société un traitement annuel de 40,000 francs. Les deux Sous-Gouverneurs reçoivent un traitement de 20,000 francs.

</td><td>

L'article 20 nouveau remplace l'article 46 ancien, au vœu de l'article 5 du Décret du 6 juillet 1854.

</td></tr>
</table>

TEXTE PRIMITIF.

Directeur.

ART. 39.

· Le Directeur est nommé par le Conseil d'administration, sauf l'approbation de M. le Ministre de l'Intérieur, de l'Agriculture et du Commerce.

Il peut être révoqué par le Conseil réuni, à cet effet, sur une convocation spéciale. La révocation ne peut être prononcée qu'à la majorité de 11 voix au moins.

ART. 40.

Le Directeur est secondé dans ses fonctions par un ou deux Sous-Directeurs, nommés sur sa présentation et révocables par le Conseil.

ART. 44.

En cas d'empêchement, maladie, absence, retraite, décès ou révocation du Directeur, ses fonctions sont provisoirement remplies soit par un des Administrateurs, soit par un des Sous-Directeurs désigné par le Conseil.

ART. 47.

Est nommé Directeur de la Société, sauf l'approbation de M. le Ministre de l'Intérieur, de l'Agriculture et du Commerce, M. Louis Wolowski, ancien Représentant.

ART. 45.

Le Directeur doit être propriétaire de cent actions de la Société; chacun des Sous-Directeurs, de cinquante.

Ces actions demeurent affectées par privilége à la garantie de leur gestion.

Elles sont inaliénables pendant la durée de leurs fonctions, et mises en dépôt dans une caisse à trois clefs, dont une reste entre les mains du Président du Conseil d'administration.

Après l'apurement du compte général, qui suit la cessation des fonctions, soit du Directeur, soit des Sous-Directeurs, les actions formant leur cautionnement sont restituées aux ayants droit, sur une décision du Conseil.

ART. 46.

Les traitements du Directeur et des Sous-Directeurs sont fixés par le Conseil d'administration.

Il peut en outre leur être attribué par l'Assemblée générale, sur la proposition du Conseil, une part dans les bénéfices nets excédant 5 pour 100 du capital des actions émises.

OBSERVATIONS.

<table>
<tr><td width="50%">

TEXTE MODIFIÉ.

Art. 21.

Le Gouverneur nomme et révoque les agents, et pourvoit à l'organisation des services à Paris et dans les départements.

Il signe la correspondance, fait le recouvrement des sommes dues à la Société, signe toutes quittances avec ou sans mainlevée, l'endossement et l'acquit des effets, les mandats sur le Trésor, la Banque, la Caisse des consignations et toutes autres Caisses où se trouveraient déposés des deniers appartenant à la Société.

Il exécute toutes les délibérations énoncées en l'article 34, et signe seul les actes qui en sont la conséquence.

Il fait tous actes conservatoires, représente la Société vis-à-vis des tiers, et exerce les actions judiciaires tant en demandant qu'en défendant.

Il signe les titres d'actions et vise les obligations foncières.

</td><td width="50%">

OBSERVATIONS.

L'article 21 nouveau correspond à l'article 41 ancien, sauf certaines modifications résultant de la nécessité d'expédier plus promptement les affaires de la Société et de conformer la position du Gouverneur à l'esprit du Décret qui a institué ses fonctions.

</td></tr>
</table>

Art. 22.

Le Gouverneur peut exercer par mandataires tous les pouvoirs qui lui sont délégués.

L'article 22 nouveau correspond à l'article 43 ancien.

SECTION 2. — *Du Conseil d'administration.*

Art. 23.

Le Conseil d'administration se compose du Gouverneur, des Sous-Gouverneurs, des Administrateurs et des Censeurs.

Art. 24.

Les Administrateurs sont au nombre de 20.

Ils sont nommés par l'Assemblée générale des Actionnaires ; trois d'entre eux doivent être pris parmi les Receveurs généraux des finances.

Ils se renouvellent par cinquième chaque année. Les membres sortants sont désignés par le sort pour les quatre premières années et ensuite, par l'ordre d'ancienneté.

Ils peuvent toujours être réélus.

Les articles 23 et 24 nouveaux correspondent à l'article 25 ancien, combiné avec l'article 6 du Décret du 6 juillet 1854, quant à la présence des Receveurs généraux dans le Conseil.

TEXTE PRIMITIF.

OBSERVATIONS.

Art. 41.

Le Directeur est chargé, sous l'autorité du Conseil d'administration, de la gestion des affaires sociales.

Il représente la Société vis-à-vis des tiers pour l'exécution des décisions du Conseil, et exerce toutes les actions judiciaires.

Il signe la correspondance.

Il signe, conjointement avec un Administrateur, l'endossement et l'acquit des effets et les quittances des sommes dues à la Compagnie, les transferts de rentes sur l'Etat et effets publics appartenant à la Société, les mandats sur la Banque, les désistements d'hypothèques et mainlevées d'inscriptions, les actes d'acquisition, vente et échange de propriétés mobilières et immobilières, les transactions, marchés, et généralement tous actes portant engagement de la part de la Compagnie.

Il signe, conjointement avec deux Administrateurs, les titres provisoires et définitifs des actions, ainsi que les obligations foncières.

Il dirige le travail des bureaux.

Il a droit de suspendre tous les employés ou agents, sauf à en référer, dans le délai de quinze jours, au Conseil d'administration.

Art. 43.

Le Directeur peut, avec l'autorisation du Conseil d'administration, constituer des mandataires pour un ou plusieurs objets déterminés.

Conseil d'administration.

Art. 25.

Le Conseil d'administration se compose de vingt membres, nommés par l'Assemblée générale des Actionnaires.

Il se renouvelle par cinquième chaque année.

Les membres sortants sont désignés par le sort pour les quatre premières années, et ensuite par l'ordre d'ancienneté.

Ils peuvent toujours être réélus.

TEXTE MODIFIÉ.

Art. 25.

Les Administrateurs qui font partie du Conseil actuel et qui ont été nommés les uns par les Statuts primitifs et par dérogation à l'article précédent, les autres par l'Assemblée générale, conformément aux articles 24 et 26, sont :

MM.

Art. 26.

En cas de vacance d'une place dans son sein, le Conseil y pourvoit provisoirement.

L'Assemblée générale, lors de sa première réunion, procède à l'élection définitive.

L'Administrateur, ainsi nommé en remplacement d'un autre, ne demeure en fonctions que pendant le temps qui restait à courir de l'exercice de son prédécesseur.

Art. 27.

Le renouvellement du premier Conseil ne commencera qu'à partir de la sixième année sociale.

Il s'opérera suivant le mode indiqué par l'article 24.

OBSERVATIONS.

L'article 25 nouveau correspond à l'article 34 ancien, avec les changements résultant des faits accomplis.

L'article 26 nouveau correspond à l'article 26 ancien.

L'article 27 nouveau reproduit l'article 35 ancien.

TEXTE PRIMITIF.   OBSERVATIONS.

Art. 34.

Par dérogation à l'article 25, le premier Conseil d'administration sera composé de MM.

Ernest ANDRÉ, ancien banquier, membre de la Commission municipale de Paris ;

François BARTHOLONY, Président de la Compagnie du chemin de fer d'Orléans ;

Comte BENOIST D'AZY, ancien Représentant ;

Le Comte Xavier BRANICKI ;

Adolphe D'EICHTHAL, banquier, membre de la Commission municipale de Paris ;

Adolphe DAILLY, maître de poste de Paris ;

DARBLAY aîné, ancien Député ;

DROUYN DE LHUYS, Ministre des Affaires étrangères ;

Léon FAUCHER, ancien Ministre ;

HÉLY D'OISSEL, ancien Conseiller d'État ;

LÉONCE DE LAVERGNE, Professeur à l'Institut agronomique de Versailles ;

Amédée LEROY, banquier ;

Duc DE MOUCHY, Député ;

Emile PEREIRE, Directeur du chemin de fer de Saint-Germain ;

PÉRIGNON, ancien Conseiller d'Etat ;

DE RAINNEVILLE, ancien Conseiller d'État ;

Prince SAPIEHA, propriétaire ;

THIBAULT, ancien Notaire.

Ils sont autorisés à s'adjoindre les membres qui doivent compléter avec eux le nombre fixé par l'article 25.

Art. 26.

En cas de vacance, le Conseil pourvoit provisoirement au remplacement.

L'Assemblée générale, lors de sa première réunion, procède à l'élection définitive.

L'Administrateur ainsi nommé en remplacement d'un autre ne demeure en fonctions que pendant le temps qui restait à courir de l'exercice de son prédécesseur.

Art. 35.

Le renouvellement de ce premier Conseil ne commencera qu'à partir de la sixième année sociale.

Il s'opérera suivant le mode établi par l'article 25.

TEXTE MODIFIÉ.

Art. 28.

Chaque Administrateur doit, dans la huitaine de sa nomination, déposer dans la caisse de la Société cinquante actions qui restent inaliénables pendant la durée de ses fonctions.

Art. 29.

Les fonctions des Administrateurs sont gratuites; ils reçoivent des jetons de présence dont l'Assemblée générale fixe la valeur.

Art. 30.

Le Gouverneur préside le Conseil.

En cas de partage, sa voix est prépondérante.

Les Sous-Gouverneurs assistent aux séances du Conseil avec voix délibérative.

Art. 31.

Le Conseil d'administration se réunit au siége social aussi souvent que l'intérêt de la Société l'exige, et au moins deux fois par mois.

Art. 32.

Les noms des membres présents sont constatés en tête du procès-verbal de chaque séance.

Aucune résolution ne peut être délibérée sans le concours de neuf votants au moins.

Nul ne peut voter par procuration.

Néanmoins le Conseil peut déléguer tout ou partie de ses pouvoirs à un ou plusieurs de ses membres, par un mandat spécial, pour des objets déterminés ou pour un temps limité

OBSERVATIONS.

L'article 28 nouveau reproduit textuellement l'article 27 ancien.

L'article 29 nouveau reproduit textuellement l'article 28 ancien.

L'article 30 nouveau correspond à l'article 29 ancien et à l'article 42 ancien supprimé, et contient les modifications nécessitées par le Décret du 6 juillet 1854.

L'article 31 nouveau reproduit textuellement l'article 30.

L'article 32 nouveau correspond aux articles 31, 32 et 37 anciens.

Il contient une modification quant au concours d'un certain nombre de votants; — il dit 9 au lieu de 7. — Le Conseil a désiré cette modification pour contre-balancer le nombre de voix qui appartient au gouvernement du Crédit foncier, soit 3 sur 7, si l'ancienne proportion était maintenue.

TEXTE PRIMITIF.

Art. 27.

Chaque Administrateur doit, dans la huitaine de sa nomination, déposer dans la caisse de la Société cinquante actions qui restent inaliénables pendant la durée de ses fonctions.

Art. 28.

Les fonctions des Administrateurs sont gratuites; ils reçoivent des jetons de présence, dont l'Assemblée générale fixe la valeur.

Art. 29.

Chaque année le Conseil nomme, parmi ses membres, un Président et trois Vice-Présidents.

En cas d'absence du Président et des Vice-Présidents, il désigne, pour chaque séance, celui des membres présents qui doit remplir les fonctions de Président.

Le Président et les Vice-Présidents peuvent toujours être réélus.

Art. 42.

Le Directeur assiste aux séances du Conseil d'administration, et y a voix consultative.

Les Sous-Directeurs peuvent y être appelés.

Art. 30.

Le Conseil d'administration se réunit au siége social aussi souvent que l'intérêt de la Société l'exige, et au moins deux fois par mois.

Art. 31.

La présence de sept membres au moins est nécessaire pour la composition régulière du Conseil.

Les noms des membres présents sont constatés en tête du procès-verbal de la séance.

Art. 32.

Les délibérations sont prises à la majorité des membres présents. En cas de partage, la voix du Président est prépondérante.

4

OBSERVATIONS.

TEXTE MODIFIÉ.

OBSERVATIONS.

Art. 33.

Les délibérations sont constatées par des procès-verbaux inscrits sur un registre tenu au siége de la Société et signés par le Gouverneur et un Administrateur.

Les copies et extraits de ces délibérations à produire en justice ou ailleurs sont certifiés par le Gouverneur.

L'article 33 nouveau correspond à l'article 33 ancien, avec une modification résultant du Décret du 6 juillet 1854.

Art. 34.

Le Conseil délibère sur les affaires de la Société autres que celles réservées exclusivement au Gouverneur, notamment sur tous traités, transactions, compromis, emplois de fonds, tranferts de rentes sur l'État ou autres valeurs, acquisitions d'immeubles, soit pour établir le siége de la Société, soit pour assurer le recouvrement de ses créances, ventes et échanges des mêmes biens, achats de créances et autres droits incorporels appartenant à ses débiteurs, cessions des mêmes droits avec ou sans garantie, désistements d'hypothèque, abandons de tous droits réels ou personnels, mainlevées d'oppositions ou d'inscriptions hypothécaires sans paiement, actions judiciaires tant en demandant qu'en défendant.

Le Conseil délibère également sur les règlements de son régime intérieur, sur les conditions générales des contrats, l'admission des demandes de prêt, la création, l'émission, l'achat et la vente des obligations de la Société, les avances sur dépôt d'obligations foncières, les emprunts à contracter avec ou sans hypothèque, les dépenses de l'administration, les traités à faire avec les Compagnies d'assurances ou tout autre système ayant pour but de faciliter la libération des débiteurs dans les cas prévus par l'article 2 des présents Statuts, la création ou la suppression des Succursales, Directions ou Agences dans les départements.

Il délibère aussi sur les comptes annuels à soumettre à l'Assemblée générale, ainsi que sur la fixation du dividende ; enfin sur les

L'article 34 nouveau correspond à l'article 36 ancien et modifie les attributions du Conseil d'administration, comme l'article 21 a modifié les attributions du Gouverneur comparées à celles du Directeur, le tout conformément à l'esprit du Décret du 6 juillet 1854. Il supprime également quelques dispositions qui ont paru trop restrictives et qui gênent sans avantage l'administration de la Société. — Ainsi pourquoi ces limites du quart dans les paragraphes 5 et 6 anciens relatifs aux acquisitions ou échanges ? — Le quart peut être trop dans certaines circonstances, pas assez dans d'autres ; par exemple, s'il s'agit d'immeubles de peu d'importance qui peuvent être grevés par des priviléges généraux, par des frais extraordinaires de transcription, des frais d'ordre pour une somme qui excéderait le quart de la valeur. — En d'autres termes, admettons qu'une propriété, sur laquelle il est dû 3,000 francs au Crédit foncier, soit adjugée 4,000 francs, — il est possible que les priviléges et frais dont il vient d'être question absorbent plus du quart du prix de la vente, et que par conséquent la Société ne soit pas couverte, tandis que sur un immeuble de 200,000 francs, ces frais et priviléges ne s'élèveront jamais à 50,000 francs.

De même au septième paragraphe ancien on a supprimé, des attributions du Conseil, le rejet des demandes d'emprunt ; le rejet d'une demande n'engage pas le fonds social, et il est souvent utile de pouvoir répondre promptement aux demandes de prêt.

TEXTE PRIMITIF.

Quand la majorité n'est pas formée de cinq membres au moins, la minorité peut demander le renvoi à une autre séance. Dans ce cas, les convocations adressées aux membres du Conseil d'administration font connaître l'objet de la délibération, et, à cette nouvelle séance, la délibération est prise à la simple majorité.

Nul ne peut voter par procuration dans le sein du Conseil.

Art. 37.

Le Conseil peut déléguer tout ou partie de ses pouvoirs à un ou plusieurs de ses membres, par un mandat spécial, pour des objets déterminés ou pour un temps limité.

Art. 33.

Les délibérations sont constatées par des procès-verbaux inscrits sur un registre tenu au siége de la Société et signés par le Président et deux autres Administrateurs.

Les copies et extraits de ces délibérations, à produire en justice ou ailleurs, sont certifiés par le Président du Conseil ou le membre qui en remplit les fonctions.

Art. 36.

Le Conseil a les pouvoirs les plus étendus pour l'administration des affaires de la Compagnie, et notamment :

Il autorise, par ses délibérations, tous traités, transactions, compromis, retraits de fonds, transferts de rentes sur l'État et autres valeurs, emprunts sur dépôt d'obligations foncières de la Compagnie, achats d'objets mobiliers, de créances et autres droits incorporels pour le recouvrement des créances de la Société, cessions des mêmes droits, avec ou sans garantie, désistements d'hypothèque, abandons de tous droits réels ou personnels, mainlevées d'oppositions ou d'inscriptions hypothécaires, avec ou sans payement ; enfin toutes actions judiciaires tant en demandant qu'en défendant.

Il autorise l'achat, s'il y a lieu, des biens immeubles, pour y établir le siége de la Société, ainsi que la dépense du mobilier et les frais de premier établissement.

Il autorise également l'acquisition par adjudication des biens immobiliers pour assurer le recouvrement des créances de la Société.

Toutefois, celle-ci ne pourra s'en rendre adjudicataire pour une somme excédant de plus du quart le montant de sa créance en principal, intérêts en retard et accessoires.

Il autorise enfin, à l'amiable ou aux enchères, la vente et l'échange des mêmes biens, pourvu qu'en cas d'échange la soulte

OBSERVATIONS.

TEXTE MODIFIÉ.

OBSERVATIONS.

propositions à faire à cette Assemblée relatives à l'augmentation du fonds social, aux modifications à faire aux Statuts, à la prolongation, et, s'il y a lieu, à la dissolution anticipée de la Société.

Nulle délibération n'est valable si elle n'est approuvée par le Gouverneur et revêtue de sa signature.

Art. 35.

Les membres du Conseil d'administration ne contractent, à raison de leurs fonctions, aucune obligation personnelle. Ils ne répondent que de l'exécution de leur mandat.

L'article 35 nouveau correspond à l'article 38 ancien. Cette disposition, du reste, est de droit et résulte de la loi.

SECTION 3. — *Des Censeurs.*

Art. 36.

Les Censeurs sont au nombre de trois; ils sont nommés par l'Assemblée générale.

Leurs fonctions durent trois années; ils se renouvellent par tiers; ils sont toujours rééligibles.

Le sort désigne les membres sortant les deux premières années.

En cas de décès ou de retraite d'un des Censeurs, il est pourvu immédiatement à son remplacement provisoire par les Censeurs en exercice.

L'article 36 nouveau correspond au deuxième paragraphe de l'article 24 ancien, ci-dessus rappelé, et à l'article 48 ancien.

<table>
<tr><td align="center">TEXTE PRIMITIF.</td><td align="center">OBSERVATIONS.</td></tr>
</table>

à payer par la Compagnie n'excède pas le quart de la valeur de l'immeuble échangé.

Il arrête les conditions générales des contrats et prononce sur l'admission ou le rejet de toute demande d'emprunt.

Il autorise l'achat des obligations de la Compagnie et les avances sur dépôt d'obligations foncières d'autres Compagnies de crédit foncier.

Il détermine l'emploi des fonds libres dans les limites ci-dessus déterminées.

Il fait les règlements de la Compagnie.

Il autorise les dépenses de l'administration.

Il nomme le Directeur et le révoque dans les formes prescrites par l'article 39.

Il nomme, sur la proposition du Directeur, les Sous-Directeurs, les agents et employés de la Compagnie. Il les révoque.

Il détermine leurs attributions.

Il fixe leurs traitements, salaires et gratifications, et, s'il y a lieu, le chiffre de leurs cautionnements. Il en autorise la restitution.

Il arrête les comptes qui doivent être soumis à l'Assemblée générale.

Il fixe provisoirement le dividende ainsi que la part des bénéfices affectée, chaque année, tant au fonds de réserve qu'au supplément de traitement du Directeur et des Sous-Directeurs, et aux gratifications des employés de la Compagnie.

Il fait un rapport à l'Assemblée des Actionnaires sur les comptes et sur la situation des affaires sociales.

Art. 38.

Les membres du Conseil d'administration ne contractent, à raison de leur gestion, aucune obligation personnelle. Ils ne répondent que de l'exécution de leur mandat.

Censeurs.

Art. 48.

Les Censeurs sont nommés par l'Assemblée générale. Ils sont au nombre de trois.

Leurs fonctions durent trois années; ils se renouvellent par tiers; ils sont toujours rééligibles.

Le sort désigne les membres sortant les deux premières années.

TEXTE MODIFIÉ.

Les dispositions des articles 26, 27 et 29 des présents Statuts sont applicables aux Censeurs comme aux Administrateurs.

Art. 37.

Les Censeurs sont chargés de veiller à la stricte exécution des Statuts.

Ils assistent aux séances du Conseil avec voix consultative.

Ils surveillent la création des obligations foncières et leur émission.

Ils examinent les inventaires et les comptes annuels et présentent à ce sujet leurs observations à l'Assemblée générale lorsqu'ils le jugent à propos.

Les livres, la comptabilité et généralement toutes les écritures doivent leur être communiqués à toute réquisition.

Ils peuvent, à quelque époque que ce soit, vérifier l'état de la caisse et le portefeuille.

Ils ont le droit, quand leur décision est prise à l'unanimité, de requérir une convocation extraordinaire de l'Assemblée générale.

SECTION 4. — *De l'Assemblée générale.*

Art. 38.

L'Assemblée générale, régulièrement constituée, représente l'universalité des Actionnaires.

Elle se compose des deux cents plus forts Actionnaires, dont la liste est arrêtée par le Conseil d'administration vingt jours avant la réunion ordinaire ou extraordinaire de l'Assemblée.

Les Actionnaires inscrits sur les registres de la Société, par suite du dépôt de leurs actions effectué dans la caisse sociale trois mois avant la confection de la liste, peuvent seuls y figurer.

Le récépissé, dans ce cas, est délivré gratuitement.

En cas de concours pour l'admission sur la liste, entre deux Actionnaires possesseurs du même nombre d'actions, la préférence est accordée au plus anciennement inscrit.

OBSERVATIONS.

L'article 37 nouveau reproduit l'article 49 ancien, sauf deux mots : *surveillent* à la place de *contrôlent*, — mot qui pourrait produire une confusion, — et *portefeuille*, addition qui s'explique naturellement, car il n'y a pas de vérification de caisse possible sans vérification de portefeuille.

La section 4 du Titre III nouveau correspond au Titre V ancien.

L'article 38 nouveau correspond à l'article 50 ancien. On a substitué le mot *réunion* au mot *convocation*, parce que l'expression de convocation n'est que le fait d'appel, tandis que la réunion est le fait essentiel. On a voulu aussi diminuer les délais.

Les quatrième et cinquième paragraphes de l'article 50 ancien n'étaient que des dispositions transitoires qui n'ont plus d'objet.

TEXTE PRIMITIF.

En cas de décès ou de retraite d'un des Censeurs, il sera pourvu immédiatement à son remplacement provisoire par les Censeurs en exercice.

Les dispositions des articles 27, 28 et 35 des présents Statuts sont applicables aux Censeurs comme aux Administrateurs.

Art. 49.

Les Censeurs sont chargés de veiller à la stricte exécution des Statuts.

Ils ont droit d'assister aux séances du Conseil avec voix consultative.

Ils contrôlent la création des obligations foncières et leur émission.

Ils examinent les inventaires et les comptes annuels.

Ils présentent, à ce sujet, leurs observations à l'Assemblée générale lorsqu'ils le jugent à propos.

Les livres, la comptabilité et généralement toutes les écritures sociales doivent leur être communiqués à toute réquisition.

Ils peuvent, à quelque époque que ce soit, vérifier l'état de la caisse de la Société.

Ils ont le droit, quand leur décision est prise à l'unanimité, de requérir une convocation extraordinaire de l'Assemblée générale.

TITRE V.

Assemblées générales.

Art. 50.

L'Assemblée générale, régulièrement constituée, représente l'universalité des Actionnaires.

Elle se compose des deux cents plus forts Actionnaires, dont la liste est arrêtée par le Conseil d'administration vingt jours avant la convocation ordinaire ou extraordinaire de l'Assemblée. Les Actionnaires inscrits sur les registres de la Société, par suite du dépôt de leurs actions dans la Caisse sociale trois mois avant la confection de la liste, peuvent seuls y figurer.

Le récépissé, dans ce cas, est délivré gratuitement.

Jusqu'à l'émission totale du capital de vingt-cinq millions, l'Assemblée générale sera formée d'un nombre des plus forts Actionnaires correspondant au chiffre du capital émis, dans la proportion de huit par chaque million.

OBSERVATIONS.

TEXTE MODIFIÉ.

La liste des déposants et celle des membres appelés à faire partie de l'Assemblée est tenue à la disposition de tous les Actionnaires qui veulent en prendre connaissance ; ces listes portent à côté du nom de chaque Actionnaire le nombre des actions qu'il a déposées.

Le jour de la réunion, la seconde de ces listes est déposée sur le bureau.

Art. 39.

Nul ne peut se faire représenter à l'Assemblée que par un mandataire membre de l'Assemblée.

Art. 40.

L'Assemblée générale se réunit de droit, chaque année, au siége de la Société, dans le courant du mois d'avril.

Elle se réunit, en outre, extraordinairement toutes les fois qu'une délibération du Conseil, approuvée par le Gouverneur, en reconnaît l'utilité.

Art. 41.

Les convocations sont faites, quinze jours avant la réunion, par un avis inséré dans deux des journaux de Paris désignés pour la publication des actes de Société, et par lettres adressées à la diligence du Gouverneur, aux Actionnaires ayant droit d'assister à l'Assemblée.

Art. 42.

L'Assemblée est régulièrement constituée lorsque les membres présents sont au nombre de quarante et réunissent dans leurs mains le dixième des actions émises.

OBSERVATIONS.

L'article 39 nouveau reproduit textuellement l'article 51 ancien.

L'article 40 nouveau reproduit l'article 52 ancien, sauf une modification quant au droit d'initiative pour les convocations extraordinaires.

L'article 41 nouveau reproduit l'article 53 ancien, sauf le mot *Gouverneur* substitué au mot *Directeur*.

L'article 42 nouveau reproduit textuellement l'article 54 ancien.

TEXTE PRIMITIF.

Les quatre-vingts plus forts Actionnaires seront appelés à la première Assemblée générale, qui suivra le décret approbatif des Statuts.

En cas de concours, pour l'admission sur la liste, entre deux Actionnaires possesseurs du même nombre d'actions, la préférence est accordée au plus anciennement inscrit.

La liste des déposants et celle des membres appelés à faire partie de l'Assemblée sont tenues à la disposition de tous les Actionnaires qui veulent en prendre connaissance. Ces listes portent, à côté du nom de chaque Actionnaire, le nombre des actions qu'il a déposées.

Le jour de la réunion, la seconde de ces listes est déposée sur le bureau.

Art. 51.

Nul ne peut se faire représenter à l'Assemblée que par un mandataire membre de l'Assemblée.

Art. 52.

L'Assemblée générale se réunit de droit, chaque année, au siége de la Société, dans le courant du mois d'avril.

Elle se réunit, en outre, extraordinairement toutes les fois que le Conseil d'administration en reconnaît l'utilité.

Art. 53.

Les convocations sont faites quinze jours avant la réunion, par un avis inséré dans deux des journaux de Paris désignés pour la publication des actes de Société, et par lettres adressées, à la diligence du Directeur, aux Actionnaires ayant droit d'assister à l'Assemblée.

Art. 54.

L'Assemblée est régulièrement constituée lorsque les membres présents sont au nombre de quarante et réunissent dans leurs mains le dixième des actions émises.

<table>
<tr><td>

TEXTE MODIFIÉ.

</td><td>

OBSERVATIONS.

</td></tr>
<tr><td>

Art. 43.

Si cette double condition n'est pas remplie sur une première convocation, il en est fait une seconde, au moins à quinze jours d'intervalle.

Dans ce cas, le délai entre la convocation et le jour de la réunion est réduit à dix jours.

Les membres présents à la seconde réunion délibèrent valablement, quels que soient leur nombre et celui de leurs actions, mais seulement sur les objets à l'ordre du jour de la première.

</td><td>

L'article 43 nouveau reproduit textuellement l'article 55 ancien.

</td></tr>
<tr><td>

Art. 44.

L'Assemblée est présidée par le Gouverneur.

Les fonctions de Scrutateurs sont remplies par les deux plus forts Actionnaires présents, et sur leur refus, par ceux qui les suivent dans l'ordre de la liste, jusqu'à acceptation.

Le bureau désigne le Secrétaire.

</td><td>

L'article 44 nouveau correspond à l'article 56 ancien, sauf la présidence du *Gouverneur* et une différence de rédaction exprimant la même idée en ce qui touche le mode d'indication des Scrutateurs.

</td></tr>
<tr><td>

Art. 45.

Les délibérations sont prises à la majorité des voix des membres présents.

Chacun d'eux a autant de voix qu'il possède de fois quarante actions, sans que personne puisse en avoir plus de cinq en son nom personnel, ni plus de dix tant en son propre nom que comme mandataire.

Tout membre de l'Assemblée générale a droit à une voix, lors même que le nombre de ses actions ne s'élève pas à quarante.

</td><td>

L'article 45 nouveau reproduit textuellement l'article 57 ancien.

</td></tr>
<tr><td>

Art. 46.

Le Gouverneur arrête l'ordre du jour, après avoir pris l'avis du Conseil.

Aucun autre objet que ceux à l'ordre du jour ne peut être mis en délibération.

</td><td>

L'article 46 nouveau correspond à l'article 58 ancien, sauf un changement résultant de la nature du pouvoir du Gouverneur.

</td></tr>
</table>

TEXTE PRIMITIF.OBSERVATIONS.

Art. 55.

Si cette double condition n'est pas remplie sur une première convocation, il en est fait une seconde, au moins à quinze jours d'intervalle.

Dans ce cas, le délai entre la convocation et le jour de la réunion est réduit à dix jours.

Les membres présents à la seconde réunion délibèrent valablement, quels que soient leur nombre et celui de leurs actions, mais seulement sur les objets à l'ordre du jour de la première.

Art. 56.

L'Assemblée est présidée par le Président ou un des Vice-Présidents du Conseil d'administration, et, à leur défaut, par l'Administrateur que le Conseil désigne.

Les deux plus forts Actionnaires présents, et, sur leur refus, ceux qui les suivent dans l'ordre de la liste, jusqu'à acceptation, sont appelés à remplir les fonctions de Scrutateurs.

Le bureau désigne le Secrétaire.

Art. 57.

Les délibérations sont prises à la majorité des voix des membres présents.

Chacun d'eux a autant de voix qu'il possède de fois quarante actions, sans que personne puisse en avoir plus de cinq en son nom personnel, ni plus de dix voix tant en son propre nom que comme mandataire.

Tout membre de l'Assemblée générale a droit à une voix, lors même que le nombre de ses actions ne s'élève pas à quarante.

Art. 58.

L'ordre du jour est arrêté par le Conseil d'administration ; il n'y sera porté que les propositions émanant de ce Conseil, ou des Censeurs, et celles qui auront été communiquées au Conseil d'administration, quinze jours au moins avant la convocation de l'Assemblée générale, avec la signature de dix membres de cette Assemblée.

Aucun autre objet que ceux à l'ordre du jour ne peut être mis en délibération.

TEXTE MODIFIÉ.

Art. 47.

L'Assemblée générale entend le rapport du Gouverneur sur la situation des affaires sociales.

Elle entend également, s'il y a lieu, les observations des Censeurs.

Elle nomme les Administrateurs et les Censeurs toutes les fois qu'il y a lieu de les remplacer.

Elle délibère, lorsque la proposition lui en est soumise, sur l'augmentation du fonds social, sur les modifications à faire aux Statuts, sur la prolongation ou la dissolution anticipée de la Société, et généralement sur tous les cas qui n'auraient pas été prévus par les Statuts.

OBSERVATIONS.

L'article 47 nouveau correspond à l'article 59 ancien.

Les troisième et quatrième paragraphes de l'article 59 ancien relatifs aux comptes annuels, se trouvent reproduits à l'article 89 nouveau. — (Ce n'est point ainsi que l'on procède à la Banque.) — On a supprimé, comme n'ayant plus d'objet, les mots *à la réunion d'autres Compagnies*, disposition inutile, puisque les réunions seront un fait consommé, si le Gouvernement approuve à la fois et nos Statuts et les traités de fusion. — On a supprimé enfin le dernier paragraphe comme ne se conciliant pas avec les attributions du Gouverneur.

Art. 48.

Les délibérations de l'Assemblée, prises conformément aux Statuts, obligent tous les Actionnaires, même absents ou dissidents.

L'article 48 nouveau reproduit textuellement l'article 60 ancien.

Art. 49.

Elles sont constatées par des procès-verbaux inscrits sur un registre spécial et signés par la majorité des membres composant le bureau.

Une feuille de présence, destinée à constater le nombre des membres assistant à l'Assemblée et celui de leurs actions, demeure annexée à la minute du procès-verbal. Elle est revêtue des mêmes signatures.

L'article 49 nouveau reproduit textuellement l'article 61 ancien.

Art. 50.

La justification à faire, vis-à-vis des tiers, des délibérations de l'Assemblée, résulte de copies ou extraits certifiés conformes par le Gouverneur.

L'article 50 nouveau correspond à l'article 62 ancien, sauf l'attribution conférée au Gouverneur de *certifier*.

<table>
<tr><td>

TEXTE PRIMITIF.

</td><td>

OBSERVATIONS.

</td></tr>
</table>

Art. 59.

L'Assemblée générale entend le rapport du Conseil d'administration sur la situation des affaires sociales.

Elle entend également, s'il y a lieu, les observations des Censeurs.

Elle discute, approuve ou rejette les comptes.

Elle fixe le dividende, la part de bénéfices affectée au fonds de réserve, et celle à distribuer au Directeur et aux Sous-Directeurs, à titre de supplément de traitement.

Elle nomme les Administrateurs et Censeurs, toutes les fois qu'il y a lieu de les remplacer.

Elle délibère sur les propositions du Conseil d'administration relatives à l'augmentation du fonds social, à la prolongation de la durée de la Société, aux modifications à faire aux Statuts, à la réunion d'autres Compagnies à la Banque foncière et à la dissolution anticipée, s'il y a lieu.

Enfin elle prononce souverainement sur tous les intérêts de la Compagnie et confère, par ses délibérations, au Conseil d'administration les pouvoirs nécessaires pour les cas qui n'auraient pas été prévus.

Art. 60.

Les délibérations de l'Assemblée, prises conformément aux Statuts, obligent tous les Actionnaires, même absents ou dissidents.

Art. 61.

Elles sont constatées par des procès-verbaux inscrits sur un registre spécial et signés par la majorité des membres composant le bureau.

Une feuille de présence, destinée à constater le nombre des membres assistant à l'Assemblée et celui de leurs actions, demeure annexée à la minute du procès-verbal. Elle est revêtue des mêmes signatures.

Art. 62.

La justification à faire, vis-à-vis des tiers, des délibérations de l'Assemblée résulte de copies ou extraits certifiés conformes par le Président du Conseil d'administration, ou par celui de ses collègues qui en remplit les fonctions.

TEXTE MODIFIÉ.

TITRE IV.

Des Conditions du Prêt.

Art. 51.

La Société fait deux sortes de prêts :

Ces prêts peuvent être faits, soit en numéraire, soit en obligations foncières ou lettres de gage.

Les uns sont remboursables à long terme, par annuités calculées de manière à amortir la dette dans un délai de dix ans au moins, de soixante ans au plus.

Les autres sont remboursables à court terme, sans amortissement.

Art. 52.

La Société ne prête aux propriétaires d'immeubles que sur première hypothèque, excepté dans les cas prévus par les lois et décrets sur le crédit foncier.

Sont considérés comme faits sur première hypothèque les prêts au moyen desquels doivent être remboursées des créances déjà inscrites, lorsque, par l'effet de ce remboursement ou de la subrogation opérée au profit de la Société, son hypothèque vient en première ligne et sans concurrence.

Dans ce cas, la Société conserve entre ses mains valeur suffisante pour opérer ce remboursement.

Art. 53.

Lorsque la Société juge qu'il y a lieu d'accomplir les formalités de la purge, il y est procédé conformément à l'article 1er de la Loi du 10 juin 1853.

Art. 54.

Ne sont point admis au bénéfice des prêts faits par la Société :

1° Les théâtres ;

2° Les mines et carrières ;

3° Les immeubles indivis, si l'hypothèque n'est établie sur la totalité de ces immeubles, du consentement de tous les copropriétaires ;

OBSERVATIONS.

Le Titre IV nouveau correspond au Titre VI ancien.

L'article 51 nouveau correspond à l'article 70 ancien, qu'il modifie :

1° Conformément à l'exposé des motifs du Décret du 6 juillet 1854 ;

2° En fixant à 60 ans au lieu de 50 la durée extrême des prêts, et ce, pour donner aux emprunteurs et, surtout à la propriété agricole, la possibilité de se libérer par une annuité moins élevée ;

3° En ce qu'il donne également la possibilité de prêter par annuité de 10 ans, disposition profitable aux emprunteurs qui veulent accélérer leur libération, et qui, au moyen des succès de leur industrie et de leurs travaux, peuvent se passer des revenus de leurs propriétés.

4° En ce qu'il introduit une faculté donnée par l'article 8 du Décret du 6 juillet 1854 pour les prêts sans amortissement.

L'article 52 nouveau correspond à l'article 63 ancien, sauf deux changements : le premier, qui se réfère à la faculté donnée à la Société par la Loi du 10 juin 1853, article 3, de prêter après des inscriptions de rentes viagères ou de garantie d'éviction ; — le deuxième, qui a pour but de bien préciser le droit qu'a la Société de prêter lorsque c'est par l'effet de la subrogation au droit d'un premier créancier qu'elle arrive en première ligne.

L'article 53 nouveau correspond à l'article 64 ancien, avec la modification qui est la conséquence de la Loi du 10 juin 1853, dont l'article 2 a rendu désormais facultative pour la Société la purge que le Décret du 28 février 1852 rendait obligatoire.

L'article 54 nouveau reproduit l'article 65 ancien, sauf le mot *Société* substitué au mot *Compagnie*.

TEXTE PRIMITIF.

TITRE VI.

Des Conditions du Prêt.

Art. 70.

L'emprunteur contracte avec la Compagnie l'obligation de se libérer par annuités, payables en espèces, de manière que l'extinction de la dette soit opérée dans un délai de vingt ans au moins et de cinquante ans au plus.

Art. 63.

La Société ne prête que sur première hypothèque.

Sont considérés comme faits sur première hypothèque les prêts au moyen desquels doivent être remboursées des créances déjà inscrites, lorsque, par l'effet de ce remboursement, l'hypothèque de la Compagnie vient en première ligne et sans concurrence.

Dans ce cas, la Société conserve entre ses mains valeur suffisante pour opérer ce remboursement.

Art. 64.

Les prêts ne sont réalisés qu'après l'accomplissement des formalités prescrites par le titre IV, chapitre 1er du Décret du 28 février 1852, pour la purge des hypothèques légales dont l'existence est connue, sauf le cas de subrogation par la femme, et des hypothèques inconnues, des actions résolutoires et rescisoires, et des priviléges non inscrits.

Art. 65.

Ne sont point admis au bénéfice des prêts faits par la Compagnie:
1° Les théâtres;
2° Les mines et carrières;
3° Les immeubles indivis, si l'hypothèque n'est établie sur la totalité de ces immeubles du consentement de tous les copropriétaires;

OBSERVATIONS.

<table>
<tr><td>

TEXTE MODIFIÉ.

4° Ceux dont l'usufruit et la nue propriété ne sont pas réunis, à moins du consentement de tous les ayants droit à l'établissement de l'hypothèque.

Art. 55.

La Société n'accepte pour gage que les propriétés d'un revenu durable et certain.

Art. 56.

Le montant du prêt ne peut dépasser la moitié de la valeur de l'immeuble hypothéqué.

Il est au plus du tiers de la valeur pour les vignes, les bois et autres propriétés dont le revenu provient de plantations.

Les bâtiments des usines et fabriques ne sont estimés qu'en raison de leur valeur indépendante de leur affectation industrielle.

Dans aucun cas, l'annuité au service de laquelle l'emprunteur s'engage ne peut être supérieure au revenu total de la propriété.

Art. 57.

Le maximum des prêts consentis à un emprunteur sur des immeubles situés dans le même département ne peut dépasser deux millions dans le département de la Seine, et un million dans les autres départements, à moins qu'il ne s'agisse d'Associations syndicales, de Sociétés anonymes, de Communes ou de Départements autorisés, à cet effet, par le Gouvernement.

La Société ne consent pas de prêt inférieur à 300 fr.

Art. 58.

Le taux de l'intérêt des sommes prêtées est fixé par le Conseil d'administration.

</td><td>

OBSERVATIONS.

L'article 55 nouveau reproduit l'article 66 ancien, sauf la substitution du mot *Société* au mot *Compagnie*.

L'article 56 nouveau correspond à l'article 67 ancien, sauf une modification résultant de la nécessité de soumettre les propriétés plantées en mûriers, oliviers, etc., etc., aux mêmes restrictions que celles plantées en bois et vignes.

L'article 57 nouveau correspond à l'article 68 ancien, profondément modifié, quant à la proportion dans laquelle on peut prêter au même emprunteur s'il est propriétaire dans plusieurs départements.

D'après l'article 48 du Décret du 28 février 1852, c'est aux Statuts à indiquer le maximum des prêts qui peuvent être faits à un même emprunteur. Ce maximum fut fixé à un million pour la Banque foncière de Paris, dont la circonscription ne comprenait que les sept départements du ressort de la Cour de Paris, en sorte qu'un même emprunteur pouvait, à cette époque, obtenir un million à la Banque foncière de Paris, 500,000 fr. à la Société de Nevers, 300,000 fr. à celle de Marseille, et ainsi dans chaque ressort de Société de Crédit foncier où il eût été propriétaire d'immeubles d'une valeur suffisante pour garantir un prêt du maximum autorisé par les Statuts de chacune.

L'article 57 nouveau a pour but de donner aux emprunteurs les facilités qu'ils avaient avec plusieurs Sociétés coexistantes.

L'article 58 nouveau correspond à l'article 69 ancien, sauf la suppression de la disposition finale : *il ne peut dépasser 5 p. 0/0.*

</td></tr>
</table>

TEXTE PRIMITIF.

OBSERVATIONS.

4° Ceux dont l'usufruit et la nue propriété ne sont pas réunis, à moins du consentement de tous les ayants droit à l'établissement de l'hypothèque.

Art. 66.

La Compagnie n'accepte pour gage que les propriétés d'un revenu durable et certain.

Art. 67.

Le montant du prêt ne peut dépasser la moitié de la valeur de l'immeuble hypothéqué.

Il sera, au plus, du tiers de la valeur, pour les propriétés plantées en vignes et pour les bois.

Les bâtiments des usines et fabriques ne seront estimés qu'en raison de leur valeur indépendante de leur affectation industrielle.

Dans aucun cas, l'annuité au service de laquelle l'emprunteur s'engage ne peut être supérieure au revenu total de la propriété.

Art. 68.

Le maximum des prêts consentis à un même emprunteur ne peut dépasser un million.

La Compagnie ne consent pas de prêt inférieur à 300 fr.

Art. 69.

Le taux de l'intérêt des sommes prêtées est fixé par le Conseil d'administration. Il ne peut dépasser 5 p. 0/0.

6

TEXTE MODIFIÉ.

OBSERVATIONS.

— A quoi bon se lier d'avance dans les Statuts? La loi a prononcé ; mais, si elle était modifiée, il ne faut pas se mettre dans le cas de ne pouvoir profiter d'une nouvelle législation.

Art. 59.

L'annuité est payable en espèces.

Elle comprend :

1° L'intérêt;

2° L'amortissement déterminé d'après le taux de l'intérêt et la durée du prêt;

3° Une allocation annuelle pour droits de commission et frais d'administration. Cette allocation est fixée par le Conseil d'administration, et ne peut excéder 1 p. 0/0 sans l'approbation du Ministre des Finances.

L'article 59 nouveau correspond à l'article 71 ancien. Les modifications s'expliquent ainsi : on a dit, en empruntant ces mots à l'article 70 ancien, *annuité payable en espèces*, par la raison que la Société ne peut satisfaire qu'en espèces à ses propres engagements. — L'allocation annuelle que l'emprunteur paye à la Société n'a pas seulement pour objet de fournir à celle-ci le moyen de solder ses frais d'administration proprement dits, — mais aussi de l'indemniser des droits de commission qu'elle est obligée de payer pour se procurer les capitaux qu'elle prête. C'est pour compléter la pensée qu'on a ajouté les mots : *droits de commission*. — Puis on a dit encore, au sujet de cette allocation, qu'elle ne pourrait être élevée qu'avec l'approbation du Ministre, car il importe beaucoup qu'elle puisse l'être ainsi dans de certains moments de crise. — On objectera peut-être que l'article 5 du Décret du 28 mars 1852, qui fixe à 60 c. le maximum des frais d'administration, a force de loi et ne peut être modifié que par un décret? — La réponse est que, bien que le Président eût encore le 28 mars 1852 le pouvoir législatif, les points réglés par le décret de ce jour étaient du domaine de l'autorité administrative, et ne constituaient, à vrai dire, qu'un règlement d'administration publique. En effet, c'est à l'autorité administrative qu'appartient le droit d'autoriser les Sociétés anonymes, de régler les conditions de leur existence; c'est également à cette autorité qu'appartient de régler les *taxes* des frais; et, si l'on veut des exemples, on peut, après avoir envisagé la situation de toutes les Sociétés anonymes, se rappeler que le Décret du 22 mars 1853 et bien d'autres décrets ont profondément modifié les conditions d'existence du Crédit foncier lui-même sans l'intervention du pouvoir législatif. (Voir notamment l'article 7 du Décret du 6 juillet 1854.)

Art. 60.

Les annuités sont payables par semestres aux époques déterminées par le Conseil d'administration.

Au moment du prêt, la Société retient, sur le capital, l'intérêt et l'allocation applicables au temps à courir jusqu'à la première échéance semestrielle.

L'article 60 nouveau correspond à l'article 72 ancien, modifié, quant aux époques, parce qu'en réalité c'est une mesure purement réglementaire qui doit les fixer. Quant au mot *allocation*, il a été ajouté comme la juste rémunération due à la Société le jour même où elle livre ses capitaux, où par suite elle administre et fonde son droit à une allocation pour frais d'administration.

TEXTE PRIMITIF. **OBSERVATIONS.**

Art. 71.

L'annuité comprend :

1° L'intérêt ;

2° L'amortissement calculé sur le taux de l'intérêt et la durée du prêt ;

3° Et une allocation annuelle qui ne peut excéder 60 centimes par 100 fr. pour frais d'administration.

Art. 72.

Les annuités sont payables moitié au 30 juin et moitié au 31 décembre de chaque année.

Le Conseil d'administration pourra fixer d'autres époques pour ces payements.

Au moment du prêt, la Compagnie retient, sur le capital, l'intérêt applicable au temps à courir jusqu'à la première échéance semestrielle.

6*

TEXTE MODIFIÉ.

Art. 61.

Conformément à l'article 28 du Décret du 28 février 1852, tout semestre non payé à l'échéance porte intérêt de plein droit, et sans mise en demeure, au profit de la Société, sur le pied de 5 p. 0/0 par an.

Il en est de même des frais de poursuites liquidés ou taxés, faits par la Société pour arriver au recouvrement de sa créance, et ce, à partir du jour où ils ont été avancés.

Art. 62.

En outre, le défaut de paiement d'un semestre rend exigible la totalité de la dette un mois après la mise en demeure.

Art. 63.

Les débiteurs ont le droit de se libérer par anticipation, en tout ou en partie.

Si le prêt a été fait en numéraire, les remboursements anticipés sont effectués, au choix des emprunteurs, soit en numéraire, soit en obligations foncières, aux conditions ci-après.

Les obligations sont reçues au pair, lorsqu'elles ne produisent pas un intérêt inférieur à celui de l'emprunt contracté.

Si les obligations, émises en représentation de l'emprunt, ont une époque fixe d'exigibilité, la Société peut demander que le remboursement du prêt n'ait lieu qu'en obligations appartenant à l'émission indiquée par le contrat de prêt.

Les fonds provenant des remboursements anticipés, effectués en numéraire, sont employés soit à amortir ou à racheter des obligations foncières, soit à effectuer de nouveaux prêts.

Si le prêt a été fait en obligations foncières, les emprunteurs ont le choix de rendre des obligations pareilles, au pair; ou du numéraire pour le capital nominal desdites obligations, quel que soit leur cours. (C. N., art. 1902.)

Les remboursements anticipés donnent lieu, au profit de la Société, à une indemnité qui ne peut dépasser 3 p. 0/0 du capital remboursé par anticipation.

Art. 64.

L'emprunteur est tenu de dénoncer à la Société, dans le délai d'un mois, les aliénations totales ou partielles qu'il peut avoir faites.

A défaut de dénonciation de ces faits dans ce délai, la Société peut exiger de lui son remboursement intégral. Elle a droit, en

OBSERVATIONS.

L'article 61 nouveau correspond à l'article 73 ancien. Ces mots : *à partir du jour où ils ont été avancés,* ont été ajoutés pour prévenir toute injuste réclamation de la part de l'emprunteur.

L'article 62 nouveau reproduit textuellement l'article 74 ancien.

L'article 63 nouveau correspond à l'article 75 ancien. La rédaction nouvelle est plus claire et plus précise que l'ancienne ; il était, en effet, difficile de comprendre ces mots : *de même nature que les titres émis en représentation de l'emprunt contracté.* C'est pour préciser que le changement a eu lieu.

L'obligation rapportée à l'occasion du remboursement anticipé, si elle a une époque fixe d'exigibilité, doit être, quant à l'intérêt et à sa durée, en rapport avec le prêt qu'elle sert à rembourser ; et pour qu'il en soit ainsi, les contrats contiendront toujours une indication essentielle, à savoir, que le cas dont il s'agit échéant, l'obligation qui sera rapportée aura, indépendamment de l'analogie de l'intérêt, été émise dans la période indiquée par le contrat. — On conçoit, en effet, que si, pour rembourser un prêt qui devait durer 50 ans, on rapporte une obligation qui n'avait plus que dix ans à courir, on détruit l'équilibre qui doit être religieusement maintenu entre les calculs qui démontrent comment l'amortissement des prêts assure le remboursement des obligations correspondantes.

Les articles 64 et 65 nouveaux correspondent à l'article 76 ancien qui a été divisé et éclairci, parce que l'ancienne rédaction laissait toujours un procès possible à la Compagnie, en subordonnant l'exigibilité au cas où les faits non dénoncés compromettraient ses intérêts. D'après la nouvelle rédaction,

<table>
<tr><td>TEXTE PRIMITIF.</td><td>OBSERVATIONS.</td></tr>
</table>

Art. 73.

Conformément à l'article 28 du Décret du 28 février 1852, tout semestre non payé à l'échéance porte intérêt de plein droit et sans mise en demeure, au profit de la Compagnie, sur le pied de 5 p. 0/0 par an.

Il en est de même des frais de poursuite liquidés ou taxés, faits par la Compagnie pour arriver au recouvrement de sa créance.

Art. 74.

En outre, le défaut de paiement d'un semestre rend exigible la totalité de la dette un mois après la mise en demeure.

Art. 75.

Les débiteurs ont le droit de se libérer par anticipation en tout ou en partie.

Les remboursements anticipés seront effectués, au choix des emprunteurs, soit en numéraire, soit en obligations foncières de la Compagnie, de même nature que les titres émis en représentation de l'emprunt contracté.

Ces obligations sont reçues au pair et doivent être immédiatement frappées du timbre d'annulation. Il en est tenu un compte spécial sur les livres de la Compagnie, de manière à ce que leurs numéros puissent prendre part aux tirages successifs.

Les fonds provenant des remboursements anticipés seront employés, jusqu'à due concurrence, à amortir ou à racheter les obligations foncières.

Les paiements anticipés donnent lieu, au profit de la Compagnie, à une indemnité qui ne peut dépasser 3 p. 0/0 du capital remboursé par anticipation (1).

Art. 76.

L'emprunteur est tenu de dénoncer à la Compagnie, dans le délai d'un mois :

(1) Cet article se trouve complété par l'article IV des Dispositions additionnelles insérées ci-après, pages 69 et suivantes.

<table>
<tr><td>TEXTE MODIFIÉ.</td><td>OBSERVATIONS.</td></tr>
</table>

outre, à l'indemnité déterminée par l'avant-dernier alinéa de l'article **63**.

Art. 65.

L'emprunteur doit également, à charge de supporter la même indemnité en cas d'exigibilité, dénoncer dans le délai sus indiqué les détériorations que l'immeuble hypothéqué peut avoir subies, et tous les faits de nature soit à en diminuer la valeur, soit à troubler sa possession, soit à porter atteinte à son droit de propriété.

A défaut de dénonciation, ou, dans tous les cas, si les faits ci-dessus compromettent les intérêts de la Société, elle peut, conformément à l'article **32** du Décret du **28** février **1852**, exiger son remboursement.

le défaut de dénonciation seul peut donner lieu à l'exigibilité de la dette; en sorte que l'obligation imposée à l'emprunteur a, dans tous les cas, une sanction pénale.

Art. 66.

La dette devient également exigible, et l'indemnité déterminée par l'avant-dernier alinéa de l'article **63** est acquise à la Société, en cas de dissimulation, par l'emprunteur, des causes d'hypothèque légale, de résolution ou de rescision, qui peuvent grever de son chef les biens hypothéqués à la Société.

L'article **66** nouveau correspond à l'article **77** ancien; il est plus précis. — Les mots *résolution* et *rescision* ont été ajoutés comme étant aussi bien que des hypothèques légales des causes d'éviction. Il était juste également dans ce cas de stipuler formellement l'indemnité, puisque la cessation du contrat est du fait de l'emprunteur.

L'article **78** ancien n'a pas été maintenu, parce qu'il est trop absolu, et que, dans le droit commun, la Société trouve, d'une part, la possibilité de continuer le contrat avec un acquéreur solvable, et que, de l'autre, elle a voulu, selon les cas, se réserver le bénéfice de l'article **7** de la Loi du **10** juin **1853**, qui rend applicable à tout acquéreur, même sur aliénation volontaire, les dispositions de l'article **38** du Décret du **28** février **1852**, d'après lesquelles l'acquéreur est tenu d'acquitter, dans la huitaine, le montant des annuités dues, et le surplus du prix après les délais de surenchère, sans attendre l'événement de l'ordre.

Art. 67.

Les propriétés susceptibles de périr par le feu doivent être assurées contre l'incendie, aux frais de l'emprunteur, à moins que la Société ne soit, en outre, garantie par d'autres propriétés d'une valeur égale au double de la somme prêtée.

L'acte de prêt contient transport de l'indemnité en cas de sinistre.

L'assurance doit être maintenue pendant toute la durée du prêt.

L'article **67** nouveau correspond à l'article **79** ancien, qui était trop exigeant, en ce qu'il prescrivait d'une manière absolue l'assurance de tous les bâtiments, alors même que dans le surplus du gage, par exemple dans les terres, la Société aurait trouvé une garantie suffisante.

TEXTE PRIMITIF.

OBSERVATIONS.

Les détériorations subies par sa propriété ;

Les aliénations partielles ou totales qu'il peut avoir faites ;

Et toute atteinte apportée à la possession ou à la propriété, qui peut intéresser les droits de la Compagnie.

Si les faits ci-dessus sont de nature à compromettre les intérêts de la Compagnie, elle peut, conformément à l'article 32 du Décret du 28 février 1852, exiger son remboursement intégral. Dans le cas où ces faits n'auraient pas été dénoncés dans le délai fixé ci-dessus, la Société aura droit, en outre, à l'indemnité déterminée par le dernier paragraphe de l'article 75.

Art. 77.

La dette deviendrait également exigible en cas de dissimulation, par l'emprunteur, des causes d'hypothèque légale qui peuvent grever de son chef les biens donnés en garantie.

Art. 78.

En cas d'aliénation de l'immeuble hypothéqué à la Compagnie, le débiteur doit substituer le nouveau propriétaire dans ses obligations vis-à-vis de la Société.

Art. 79.

Toutes les propriétés affectées à la garantie de la Société, qui sont susceptibles de périr par le feu, doivent être assurées contre l'incendie, aux frais de l'emprunteur.

L'acte de prêt contient transport de l'indemnité en cas de sinistre.

L'assurance doit être maintenue pendant toute la durée du prêt.

La Banque foncière peut demander que l'assurance soit faite en

<table>
<tr><td>

TEXTE MODIFIÉ.

La Société peut demander que l'assurance soit faite en son nom, et le montant des charges annuelles acquitté par ses mains.

Dans ce cas, le chiffre des annuités est augmenté d'autant.

Art. 68.

En cas de sinistre, l'indemnité est touchée directement par la Société.

Dans le délai d'un an, à partir du règlement du sinistre, le débiteur a la faculté de rétablir l'immeuble dans son état primitif.

Pendant ce temps, la Société conserve l'indemnité, à titre de garantie, jusqu'à concurrence de ses droits calculés à l'expiration de l'année.

Après la reconstruction de l'immeuble, elle la remet au débiteur, déduction faite de ce qui lui est dû.

Si, à l'expiration de l'année, le débiteur n'a pas usé du droit de rétablir l'immeuble incendié, ou si, avant cette époque, il a notifié son intention de ne pas en user, l'indemnité est définitivement acquise à la Société, et imputée sur sa créance comme paiement fait par anticipation.

Art. 69.

Les remboursements anticipés qui proviennent de sinistres ne donnent pas lieu à l'indemnité autorisée par l'avant-dernier alinéa de l'article 63.

La Société, si elle juge que par l'effet du sinistre ses sûretés sont compromises, peut exiger le paiement de ce qui lui reste dû.

</td><td>

OBSERVATIONS.

L'article 68 nouveau correspond à l'article 80 ancien. Il est plus clair, plus explicite, mais ne donne à la Société aucun droit nouveau. C'est l'exécution qui est plus précisée, et qui dispense d'énoncer dans le contrat toutes les conditions, dispense qui diminue les frais d'acte, puisque, à l'avenir, il suffira de se référer à l'article 68 nouveau des Statuts.

L'article 69 nouveau reproduit deux dispositions qui faisaient partie de l'article 80 ancien, ci-dessus rappelé.

L'article 81 ancien est supprimé, la nomenclature qu'il contenait étant réglementaire et non statutaire.

</td></tr>
</table>

TEXTE PRIMITIF.

son nom, et le montant des charges annuelles acquitté par ses mains.

Dans ce cas, le chiffre des annuités est augmenté d'autant.

Art. 80.

En cas de sinistre, l'indemnité est touchée directement par la Banque foncière.

Si, dans un délai d'un an, à partir du règlement du sinistre, l'emprunteur a fait rétablir l'immeuble dans son état primitif, la Société devra lui remettre la somme qu'elle aura reçue pour indemnité. A défaut par lui d'avoir usé de cette faculté dans ledit délai, la Société aura le droit de retenir ladite indemnité et de l'imputer sur le montant de sa créance, comme payement fait par anticipation. Dans ce dernier cas, il n'y aura lieu pour la Société de percevoir l'indemnité de 3 p. 0/0 stipulée par le dernier paragraphe de l'article 75.

Lorsque, dans ce dernier cas, la Banque juge que, par l'effet du sinistre, ses sûretés sont compromises pour ce qui lui reste dû, elle peut en exiger le payement.

Art. 81.

Tout propriétaire qui demande à contracter un emprunt doit produire :

1° Les titres de propriété de son immeuble ;

2° La copie certifiée de la matrice cadastrale ;

3° Les baux ou l'état des locations, s'il en existe, avec indication des fermages et loyers payés d'avance ;

4° La déclaration signée par lui des revenus et des charges ;

5° La cote des contributions de l'année courante, ou, à son défaut, celle de la dernière année ;

6° La police d'assurance contre l'incendie ;

7° Un état d'inscription constatant la situation hypothécaire ;

7

TEXTE MODIFIÉ.

OBSERVATIONS.

Art. 70.

L'estimation des biens offerts en garantie a lieu d'après les itres, baux et autres renseignements fournis par le propriétaire ʝui demande à contracter l'emprunt.

La Société a le droit, en outre, de faire procéder à une estimation par experts.

Dans tous les cas, l'estimation est faite sur la double base du revenu net et du prix vénal.

L'article 70 nouveau correspondant aux articles 82 et 83 anciens, reproduit les mêmes dispositions autrement classées.

Art. 71.

Lorsque la propriété est reconnue régulière et la garantie suffisante, le Conseil d'administration détermine le montant du prêt à faire, et il est procédé à la signature du contrat conditionnel.

L'article 71 nouveau correspond à l'article 84 ancien. Le mot *réalisation* a été remplacé par le mot *signature*; celui-ci, comme plus propre à indiquer un contrat à l'occasion duquel il n'y a pas encore de remise d'espèces.

Art. 72.

Après la délivrance de l'état supplémentaire d'inscription comprenant celle de la Société, s'il n'y a pas lieu à purge légale, ou après l'accomplissement des formalités de purge, un acte fait à la suite du contrat conditionnel constate sa nullité ou sa réalisation définitive, suivant qu'il s'est ou non révélé une inscription ou un droit réel grevant l'immeuble hypothéqué.

Dans le premier cas, cet acte peut être signé par le Gouverneur seul ; il contient mainlevée de l'inscription prise au profit de la Société.

Dans le second cas, l'acte est signé par le Gouverneur et par l'emprunteur; il énonce l'accomplissement des formalités, la remise des valeurs formant le montant du prêt et le point de départ des intérêts.

L'article 72 nouveau correspond à l'article 85 ancien. On remarque dans le premier alinéa un changement de rédaction qui résulte de ce que, d'après l'article 2 de la Loi du 10 juin 1853, la purge est aujourd'hui facultative.

Le quatrième paragraphe de l'article 85 ancien a été supprimé, parce qu'il n'y a pas de relation entre chaque obligation et chaque contrat de prêt, mais seulement entre le montant total des prêts et celui des obligations.

Art. 73.

Tous les frais et déboursés nécessités par la demande d'emprunt sont à la charge du propriétaire qui a formé cette demande, même dans le cas où le prêt n'a pas eu lieu.

L'article 73 nouveau correspond à l'article 86 ancien. La rédaction est plus succincte et plus générale. Il était juste, au surplus, de bien préciser que l'emprunteur devait les frais qu'il avait occasionnés, même quand le prêt n'avait pu se réaliser.

TEXTE PRIMITIF.

OBSERVATIONS.

8° La déclaration de son état civil, s'il est ou a été marié, ou tuteur.

Art. 82.

Après examen de ces documents, le Conseil d'administration fait procéder, s'il y a lieu, à une estimation de l'immeuble offert en garantie.

Art. 83.

L'évaluation de l'immeuble est faite sur la double base du revenu net et du prix vénal.

Art. 84.

Lorsque le Conseil est fixé sur la régularité de la propriété et sur la solidité du gage, il détermine la proportion du prêt à faire, et il est procédé à la réalisation du contrat conditionnel, conformément à l'article 8 du Décret du 28 février 1852.

Art. 85.

Après l'accomplissement des formalités de purge prescrites par le Décret du 28 février 1852, titre IV, un acte, fait à la suite du contrat conditionnel, constate sa nullité ou sa réalisation définitive, suivant qu'il s'est ou non révélé une inscription ou un droit réel grevant l'immeuble hypothéqué.

Dans le premier cas, cet acte est signé par la Compagnie seule et contient mainlevée de l'inscription prise à son profit.

Dans le second cas, l'acte est signé par la Compagnie et par l'emprunteur; il énonce l'accomplissement des formalités, la remise des valeurs formant le montant du prêt, et le point de départ des intérêts.

Le visa des obligations foncières est donné en vertu de l'acte de réalisation définitive du prêt.

Art. 86.

Les frais du contrat de prêt, de l'acte définitif, de l'inscription hypothécaire et de la purge sont à la charge de l'emprunteur. Les frais du contrat conditionnel, de l'inscription hypothécaire, de la purge, de l'acte annulant le contrat conditionnel et de la

TEXTE MODIFIÉ.

TITRE V.

Des Obligations foncières ou Lettres de gage.

Art. 74.

La Société peut créer *ses Obligations foncières* ou *Lettres de gage* nominatives ou au porteur.

Art. 75.

Les obligations nominatives sont transmissibles, soit par voie d'endossement, sans autre garantie que celle qui résulte de l'article 1693 du Code Napoléon, soit par tout autre mode qui sera déterminé par le Conseil d'administration.

La Société est valablement libérée par le payement fait entre les mains du tiers-porteur. Elle n'est en aucun cas responsable de la régularité des endossements.

Les obligations au porteur se transmettent par simple tradition.

Art. 76.

Les obligations foncières ne peuvent dépasser le montant des engagements hypothécaires des emprunteurs.

Art. 77.

Il ne peut être créé d'obligations foncières inférieures à 100 francs.

Art. 78.

Les porteurs des obligations foncières n'ont d'autre action,

OBSERVATIONS.

Le Titre V nouveau correspond au Titre VII ancien dont la rubrique a été complétée ; le Décret du 28 février 1852 emploie indifféremment, l'un à la place de l'autre, les mots *obligations foncières* et *lettres de gage*.

L'article 74 nouveau correspond aux articles 87 et 93 anciens. Il a été modifié conformément à l'article 13 du Décret du 28 février 1852, qui dispose que les obligations ou lettres de gage sont nominatives ou au porteur. Cette modification était nécessaire, pour que la Société pût mettre à la disposition des Incapables, des Communes et des Etablissements publics, ses obligations, ainsi que l'y autorise l'article 46 du même décret, puisque sans obligations nominatives, par exemple, il serait impossible de faire un remploi d'une somme dotale.

L'article 75 nouveau n'a pas de correspondant dans les anciens Statuts, — il est la conséquence de la création des obligations nominatives, — il renferme une disposition que justifient les articles 144 et 145 du Code de commerce, relatifs au payement des lettres de change et à la validité du payement fait aux mains du porteur et à l'interprétation que la jurisprudence a donnée à ces articles.

L'article 76 nouveau correspond à une disposition de l'article 87 ancien ci-dessus rappelé qu'il était indispensable de maintenir. L'ancienne rédaction, *engagements souscrits*, faisait supposer qu'il pouvait rester dans la circulation des obligations pour une somme supérieure au montant réel des engagements hypothécaires, puisque, par l'effet de l'amortissement, le montant des engagements hypothécaires souscrits à l'origine du contrat diminue chaque année.

L'article 77 nouveau correspond à l'article 89 ancien. — On a pensé que, puisque l'on pouvait émettre des coupures de 100 francs, ces coupures constituaient aussi bien des obligations que celles de 1,000 francs.

L'article 78 nouveau reproduit textuellement l'article 88 ancien.

TEXTE PRIMITIF.OBSERVATIONS.

radiation de l'inscription sont, dans tous les cas, à la charge de l'emprunteur.

TITRE VII.

Des Obligations foncières.

Art. 87.

Les Obligations foncières sont créées conformément aux dispositions des articles 13 et 14 du Décret du 28 février 1852, et du § 2, article 3, du Décret du 28 mars suivant.

Elles ne peuvent dépasser le montant des engagements hypothécaires souscrits par les propriétaires d'immeubles en faveur de la Compagnie.

Art. 93.

Les obligations foncières sont au porteur.

Art. 89.

La valeur des obligations foncières est de 1,000 francs. Elles peuvent être subdivisées en coupures, dont la moindre est de 100 francs.

Art. 88.

Les porteurs des obligations foncières n'ont d'autre action,

TEXTÈ MODIFIÉ.

pour le recouvrement des capitaux et intérêts exigibles, que celle qu'ils peuvent exercer directement contre la Société.

Art. 79.

Les obligations foncières portent un intérêt dont le taux, les époques et le mode de payement sont fixés par le Conseil d'administration.

L'intervalle entre le versement des annuités par les emprunteurs et le payement des intérêts aux porteurs des obligations est au moins de trois mois.

Quelle que soit la forme des obligations, l'intérêt est valablement payé au porteur du titre.

Art. 80.

Il n'est admis aucune opposition au payement du capital ni des intérêts, si ce n'est en cas de perte du titre, et seulement pour les obligations nominatives.

Art. 81.

Les obligations foncières sont représentées par des titres extraits d'un registre à souche.

Ces titres sont signés par un Administrateur, portent le timbre de la Société et sont visés par le Gouverneur.

Art. 82.

Le Conseil d'administration peut autoriser le dépôt et la conservation des titres dans la caisse sociale.

OBSERVATIONS.

L'article 79 nouveau correspond à l'article 90 ancien, — sauf une légère modification de rédaction et la faculté donnée au possesseur de faire recevoir les arrérages sans procuration, comme au Trésor.

L'article 80 nouveau est sans correspondance dans les Statuts primitifs, mais il a son origine dans l'article 18 du Décret du 28 février 1852; de même qu'au Trésor, on ne reçoit pas d'opposition, même comme revendication de propriété, sur les rentes au porteur, de même il est impossible de les admettre sur les titres au porteur de la Société sans nuire au crédit du titre lui-même.

L'article 81 nouveau correspond à l'article 91 ancien, sauf les modifications résultant de l'organisation administrative donnée à la Société par le Décret du 6 juillet 1854.

L'article 92 ancien a été supprimé parce qu'il n'avait trait qu'à des dispositions d'ordre intérieur.

L'article 82 nouveau correspond à l'article 94 ancien, sauf une modification relative aux frais qui peuvent être dus à la Société pour échange de titres.

TEXTE PRIMITIF.

OBSERVATIONS.

pour le recouvrement des capitaux et intérêts exigibles, que celle qu'ils peuvent exercer directement contre la Société.

Art. 90.

Elles portent un intérêt annuel dont le taux est fixé par le Conseil d'administration, à l'époque de leur création.

Cet intérêt est payable chaque année ou par semestre.

L'intervalle entre le versement des annuités par les emprunteurs, et le payement des intérêts aux porteurs des obligations, sera au moins de trois mois.

Art. 91.

Les obligations foncières sont représentées par des titres extraits d'un registre à souche.

Ils sont signés par deux membres du Conseil et par le Directeur.

Ils sont frappés du timbre de la Société.

Art. 92.

Le payement des intérêts est contrôlé par l'apposition d'un timbre sur les obligations, quand celles-ci ne sont pas accompagnées de coupons représentatifs des intérêts.

Ces coupons, après leur épuisement, sont remplacés par une nouvelle feuille.

Art. 94.

Le Conseil d'administration peut autoriser le dépôt et la conservation des titres dans la caisse sociale.

TEXTE MODIFIÉ.

Ils sont remplacés, jusqu'au retrait, par un certificat de dépôt nominatif.

Le Conseil d'administration détermine les conditions, le mode de délivrance, les frais de certificats et ceux d'échange des titres.

Art. 83.

Les obligations peuvent être créées avec ou sans époque fixe d'exigibilité.

La Société, lors des émissions, détermine le mode de remboursement qui a lieu par voie de tirage au sort ou autrement.

Chaque remboursement comprend le nombre d'obligations nécessaire pour opérer un amortissement tel, que les obligations restant en circulation n'excèdent jamais les capitaux restant dus sur les prêts hypothécaires.

Art. 84.

Il peut être attribué aux obligations des lots et des primes, payables au moment du remboursement.

Le Conseil d'administration en détermine l'importance et la répartition.

Art. 85.

Le tirage des obligations qui doivent être appelées au remboursement par la voie du sort est effectué par le Conseil d'administration en présence des Censeurs.

OBSERVATIONS.

L'article 83 nouveau correspond à l'article 95 ancien, dont on a supprimé le premier paragraphe par la raison qu'il est inutile de déposer dans les Statuts une disposition qui, en fait, n'est que réglementaire.

L'article 95 ancien disposait que les obligations n'avaient pas d'époque fixe d'exigibilité. — Il a paru plus convenable et plus logique de dire *avec ou sans époque fixe d'exigibilité*. (*Voir* à cet égard les pages 27 et 28 du premier Rapport de M. le Gouverneur.) En tous cas, cette modification est nécessitée par le contrat qui existe entre la Société et les souscripteurs à l'emprunt de 200,000,000 francs aussi bien que par l'emprunt permanent chaque jour contracté par la Compagnie en obligations cinq pour cent.

Le mot *autrement* a été placé à l'intention d'une combinaison qui permettrait de prendre, en matière de remboursement des obligations, un engagement à échéance fixe.

L'article 96 ancien est supprimé par le motif qu'on a supprimé dans les Statuts la mention des séries.

L'article 84 nouveau correspond à l'article 97 ancien.

L'article 85 nouveau correspond à l'article 98 ancien, mais se présente plus simple et plus pratique.

TEXTE PRIMITIF.

OBSERVATIONS.

Ils sont remplacés, jusqu'au retrait, par un certificat de dépôt nominatif.

Le Conseil d'administration détermine les conditions, le mode de délivrance et les frais des certificats de dépôt.

Art. 95.

Les obligations foncières sont classées par séries, dont chacune comprend toutes les obligations créées au même taux d'intérêt. Elles n'ont pas d'époque fixe d'exigibilité pour le capital.

Elles sont appelées au remboursement par la voie d'un tirage au sort qui a lieu par semestre ou annuellement.

Chaque tirage comprend le nombre d'obligations nécessaire pour assurer l'amortissement des obligations dans le même temps que celui du capital prêté.

Art. 96.

Les sommes payées par les emprunteurs, à titre d'amortissement, sont appliquées à la série dont font partie les obligations émises en représentation de l'emprunt qu'ils ont contracté.

Art. 97.

Des lots et primes peuvent être attachés aux obligations remboursées.

Le Conseil d'administration en détermine l'importance et la répartition.

Art. 98.

Chaque semestre, le Conseil d'administration procède, en présence des Censeurs, au tirage au sort des obligations appelées au remboursement.

Toutes les obligations de même série participent aux chances du tirage, sans distinction de l'époque de leur création.

Les coupures d'obligations sont réunies par groupes de

8

<table>
<tr><td>

TEXTE MODIFIÉ.

</td><td>

OBSERVATIONS.

</td></tr>
</table>

Art. 86.

Dans la huitaine de l'opération, les numéros sortis sont affichés au siége de la Société et insérés dans deux des journaux désignés pour la publication des actes de Société.

L'article 86 reproduit textuellement l'article 99 ancien.

Art. 87.

Les obligations désignées par le sort sont remboursées le jour indiqué par la publication.

A compter de ce jour les intérêts attachés aux obligations remboursables cessent de plein droit.

L'article 87 nouveau correspond à l'article 100 ancien. — Les mots *intérêt*, *prime* et *au pair*, ont été supprimés; ils rappellent des conditions de droit qu'il est inutile de mettre dans les Statuts. Quant au *siége de la Société*, c'est avec intention, parce que les payements peuvent être faits ailleurs, dans les départements, par exemple.

Art. 88.

Les obligations foncières remboursées par suite du tirage au sort ou autrement sont immédiatement frappées d'un timbre d'annulation.

Elles sont détruites en présence du Gouverneur, d'un membre du Conseil et de l'un des Censeurs.

Il est dressé procès-verbal de cette opération.

Les obligations revenant à la Société par suite de remboursements anticipés sont immédiatement frappées d'un timbre spécial et ne peuvent être remises en circulation qu'avec un nouveau visa du Gouverneur.

Dans tous les cas elles participent aux tirages.

L'article 88 nouveau correspond à l'article 101 ancien, sauf quelques légers changements de rédaction sans importance, d'une part, et de l'autre, une stipulation particulière aux obligations revenant à la Société par suite de remboursement anticipé, lesquelles doivent être retirées de la circulation, mais restent comme témoignage du droit de la Société à profiter du lot si elles sortent aux tirages.

TITRE VI.

Inventaire et comptes annuels.

Art. 89.

L'année sociale commence le 1er janvier et finit le 31 décembre.

A la fin de chaque année sociale, un inventaire du passif et de l'actif est dressé par les soins du Gouverneur.

Les comptes sont arrêtés par le Conseil d'administration.

Le Titre VI nouveau correspond au Titre VIII ancien.

L'article 89 nouveau correspond à l'article 102 ancien, dont le deuxième paragraphe, qui ne contenait qu'une disposition transitoire, est supprimé.

TEXTE PRIMITIF.

OBSERVATIONS.

1,000 francs, dont chacun reçoit un numéro qui est admis au tirage.

Art. 99.

Dans la huitaine de l'opération, les numéros sortis sont affichés au siége de la Société et insérés dans deux des journaux désignés pour la publication des actes de Société.

Art. 100.

Les obligations désignées par le sort sont remboursées au pair, avec intérêts et, s'il y a lieu, avec prime, au siége de la Société, au jour indiqué par la publication.

A compter de ce jour, les intérêts attachés aux obligations remboursables cessent de plein droit.

Art. 101.

Les obligations foncières remboursées, ou revenant à la Société par suite du remboursement anticipé, sont immédiatement frappées d'un timbre indiquant qu'elles sont annulées et retirées de la circulation.

Mention est faite, sur la souche, de leur annulation.

Elles sont enfermées dans une caisse pour être détruites par le Directeur, en présence d'un membre du Conseil d'administration et d'un des Censeurs.

Il est dressé procès-verbal de cette opération.

Ce procès-verbal est signé par toutes les personnes dont la présence est obligatoire.

TITRE VIII.

Inventaire et comptes annuels.

Art. 102.

L'année sociale commence le 1ᵉʳ janvier et finit le 31 décembre.

Le premier exercice comprendra le temps écoulé entre la date du décret approuvant les présents Statuts et le 31 décembre 1853.

TEXTE MODIFIÉ.

Ils sont soumis à l'Assemblée générale des Actionnaires, qui les approuve ou les rejette, et fixe le dividende après avoir entendu le rapport du Gouverneur et les observations des Censeurs.

Si les comptes ne sont pas approuvés séance tenante, l'Assemblée peut nommer des commissaires chargés de les examiner et de faire un rapport à la prochaine réunion.

TITRE VII.

Partage des bénéfices.

Art. 90.

Sur les bénéfices nets réalisés, on prélève annuellement :

1° 5 pour 100 du capital versé sur les actions pour être réparti à tous les Actionnaires ;

2° Une somme qui ne peut excéder 20 pour 100 du surplus, affectée au fonds de réserve, dans la proportion déterminée par le Conseil d'administration.

Ce qui reste complète le dividende à répartir entre toutes les actions émises.

Le payement des dividendes se fait annuellement aux époques fixées par le Conseil d'administration. Néanmoins, le Conseil peut autoriser, à l'expiration de chaque semestre, la distribution provisoire de 2 francs 50 centimes pour 100 sur le montant du versement fait sur chaque action.

Art. 91.

Tout dividende qui n'est pas réclamé dans les cinq ans de son exigibilité est prescrit au bénéfice de la Société.

TITRE VIII.

Fonds de réserve.

Art. 92.

Le fonds de réserve se compose de l'accumulation des sommes

OBSERVATIONS.

Le Titre VII nouveau correspond au Titre IX ancien.

L'article 90 nouveau correspond à l'article 103 ancien, dont les prescriptions restent ce qu'elles étaient, sauf l'ordre dans lequel elles sont présentées.

L'article 91 nouveau reproduit textuellement l'article 104 ancien.

Le Titre VIII nouveau correspond au Titre X ancien.

L'article 92 nouveau correspond à l'article 105 ancien.

TEXTE PRIMITIF.

A la fin de chaque année sociale, un inventaire général de l'actif et du passif est dressé par les soins du Directeur.

Les comptes sont arrêtés par le Conseil d'administration.

Ils sont soumis à l'Assemblée, qui les approuve ou les rejette, et fixe le dividende, après avoir entendu le rapport du Conseil d'administration et les observations des Censeurs.

Si les comptes ne sont pas approuvés séance tenante, l'Assemblée peut nommer des commissaires chargés de les examiner et de faire un rapport à la prochaine réunion.

TITRE IX.

Partage des bénéfices.

Art. 103.

Les produits, déduction faite des frais d'administration, sont appliqués en première ligne à payer les intérêts des obligations foncières, le capital de celles que le sort a désignées pour le remboursement, les lots et primes.

L'excédant constitue les bénéfices.

Sur ces bénéfices, on prélève annuellement la somme nécessaire pour distribuer un premier dividende de 25 francs par action.

Un second prélèvement, qui ne peut excéder vingt pour cent du surplus, est affecté, dans la proportion déterminée par l'Assemblée générale, au fonds de réserve et au supplément de traitement du Directeur et des Sous-Directeurs.

Ce qui reste est réparti entre toutes les actions émises, à titre de dividende.

Le payement des dividendes se fait annuellement, aux époques fixées par le Conseil d'administration.

Toutefois, le Conseil peut autoriser, à l'expiration du premier semestre, une distribution provisoire de 12 francs 50 centimes par action.

Art. 104.

Tout dividende qui n'est pas réclamé dans les cinq ans de son exigibilité est prescrit au bénéfice de la Société.

TITRE X.

Fonds de réserve.

Art. 105.

Le fonds de réserve se compose de l'accumulation des sommes

OBSERVATIONS.

<table>
<tr><td>

TEXTE MODIFIÉ.

produites par le prélèvement annuel opéré sur les bénéfices, en exécution de l'article 90.

Lorsque le fonds de réserve atteint la moitié du fonds social souscrit, le prélèvement affecté à sa création cesse de lui profiter. Il reprend son cours si la réserve vient à être entamée.

Le fonds de réserve est destiné à parer aux événements imprévus.

En cas d'insuffisance des produits d'une année pour fournir un dividende de 5 p. % par action, la différence peut être prélevée sur le fonds de réserve.

L'emploi des capitaux appartenant au fonds de réserve est réglé par le Conseil d'administration.

</td><td>

OBSERVATIONS.

La disposition insérée dans le troisième paragraphe ancien a été supprimée comme s'appliquant aux Sociétés *d'emprunteurs* et non à une Société de *prêteurs*.

</td></tr>
</table>

<table>
<tr><td>

TITRE IX.

Modifications aux Statuts.

ART. 93.

L'Assemblée générale peut, sur la proposition du Gouverneur et sauf l'approbation du Gouvernement, apporter aux Statuts les modifications délibérées par le Conseil.

Elle peut notamment autoriser :

1° L'augmentation du capital social ;
2° L'extension des opérations de la Société ;
3° La prolongation de sa durée.

Dans ces divers cas, les convocations doivent contenir l'indication sommaire de l'objet de la réunion.

La délibération n'est valable qu'autant qu'elle réunit les deux tiers des voix.

En vertu de cette délibération, le Gouverneur est de plein droit autorisé à demander au Gouvernement l'approbation des modifications adoptées, à consentir, d'accord avec le Conseil, les changements qui seraient exigés, et à réaliser les actes qui doivent les consacrer.

</td><td>

Le Titre IX nouveau correspond au Titre XI ancien.

L'article 93 nouveau correspond à l'article 106 ancien, modifié en ce sens que, pour faciliter l'administration de la Société, le pouvoir de traiter avec des Compagnies d'assurances paraît devoir être donné au Conseil d'administration. (Art. 34 nouveau.)

</td></tr>
</table>

TEXTE PRIMITIF.

OBSERVATIONS.

produites par le prélèvement annuel opéré sur les bénéfices, en exécution de l'article 103.

Lorsque le fonds de réserve atteint le cinquième du fonds social souscrit, le prélèvement affecté à sa création cesse de lui profiter. Il reprend son cours si la réserve vient à être entamée.

Quand le prélèvement cesse d'être versé au fonds de réserve, il est employé au bénéfice des emprunteurs, et affecté à éteindre une partie de leur dette, d'après un règlement arrêté par le Conseil d'administration.

Le fonds de réserve est destiné à parer aux événements imprévus.

En cas d'insuffisance des produits d'une année pour fournir un dividende de 25 francs par action, la différence peut être prélevée sur le fonds de réserve.

L'emploi des capitaux appartenant au fonds de réserve est réglé par le Conseil d'administration.

TITRE XI.

Modifications aux Statuts.

Art. 106.

L'Assemblée générale peut, sur l'initiative du Conseil d'administration, et sauf l'approbation du Gouvernement, apporter aux présents Statuts les modifications reconnues utiles.

Elle peut notamment autoriser :

1° L'augmentation du capital social ;

2° L'extension des opérations de la Société ;

3° La prolongation de sa durée ;

4° La réunion à la Banque foncière d'une ou plusieurs autres Compagnies organisées dans le même but.

5° La faculté de traiter avec des Compagnies d'assurances sur la vie, françaises ou étrangères, pour faciliter la libération de la propriété foncière.

Dans ces divers cas, les convocations doivent contenir l'indication sommaire de l'objet de la réunion.

La délibération n'est valable qu'autant qu'elle réunit les deux tiers des voix des membres présents.

En vertu de cette délibération, le Conseil d'administration est, de plein droit, autorisé à suivre auprès du Gouvernement l'obtention de son approbation aux modifications adoptées, consentir les changements qui seraient exigés et réaliser les actes qui doivent les consacrer.

TEXTE MODIFIÉ.

TITRE X.

Dissolution. — Liquidation.

Art. 94.

En cas de perte de moitié du capital social souscrit, la dissolution de la Société peut être prononcée, avant l'expiration du délai fixé pour sa durée, par une décision de l'Assemblée générale.

Le Conseil d'administration, dans le cas de perte ci-dessus prévu, est tenu de soumettre à l'Assemblée générale la question de savoir s'il y a lieu de prononcer la dissolution.

Le mode de convocation et de délibération prescrit par l'article 93 pour les modifications aux Statuts est applicable à ce cas.

Art. 95.

A l'expiration de la Société, ou en cas de dissolution anticipée, l'Assemblée générale, sur la proposition du Gouverneur, règle le mode de liquidation et nomme un ou plusieurs liquidateurs, avec pouvoir de vendre, soit aux enchères, soit à l'amiable, les biens meubles et immeubles de la Société.

Le mode de liquidation et le choix des liquidateurs sont soumis à l'approbation du Ministre des Finances.

L'Assemblée générale est convoquée d'urgence pour régler le mode de liquidation, faire le choix des liquidateurs et déterminer leurs pouvoirs. A défaut par elle d'avoir, au jour fixé pour sa réunion, ou dans une seconde Assemblée convoquée dans le cas prévu par l'article 43, statué sur ces mesures, ou si, sa délibération n'ayant pas été approuvée par le Ministre, une nouvelle Assemblée ne la modifie pas dans le sens indiqué par le Gouvernement, le mode de liquidation et le choix des liquidateurs ont lieu conformément aux dispositions du Règlement d'administration publique du 18 octobre 1852.

Les liquidateurs peuvent, en vertu d'une délibération de l'Assemblée générale, approuvée par le Ministre des Finances, faire le transport à une autre Société des droits et engagements de la Société dissoute.

Pendant le cours de la liquidation, les pouvoirs de l'Assemblée générale se continuent comme pendant l'existence de la Société.

OBSERVATIONS.

Le Titre X nouveau correspond au Titre XII ancien.

L'article 94 nouveau correspond à l'article 107 ancien. — Les mots : *Cette délibération pourra aussi être provoquée dans les formes déterminées par l'article 58*, ont été supprimés, — comme n'ayant pas de raison d'être. — Il suffit de se référer, comme on l'a fait, à l'article 93.

L'article 95 nouveau correspond à l'article 108 ancien.

Le quatrième paragraphe ancien a été supprimé comme surabondant. — La nécessité d'exécuter les engagements est de droit.

Aux cinquième, sixième et septième paragraphes, les mots et phrases supprimés l'ont été comme inutiles.

<table>
<tr><td>TEXTE PRIMITIF.</td><td>OBSERVATIONS.</td></tr>
</table>

TITRE XII.

Dissolution. — Liquidation.

Art. 107.

En cas de perte de moitié du capital social souscrit, la dissolution de la Société peut être prononcée avant l'expiration du délai fixé pour sa durée, par une décision de l'Assemblée générale.

Le Conseil d'administration, dans le cas de perte ci-dessus prévu, est tenu de soumettre à l'Assemblée générale la question de savoir s'il y a lieu de prononcer la dissolution. Cette délibération pourra aussi être provoquée dans les formes déterminées par l'article 58.

Le mode de convocation et de délibération prescrit par l'article 106 pour les modifications aux Statuts est applicable à ce cas.

Art. 108.

A l'expiration de la Société ou en cas de dissolution anticipée, l'Assemblée générale, sur la proposition du Conseil d'administration, règle le mode de liquidation et nomme un ou plusieurs liquidateurs, avec pouvoir de vendre, soit aux enchères, soit à l'amiable, les biens meubles et immeubles de la Société.

Le mode de liquidation et le choix des liquidateurs sont soumis à l'approbation du Ministre de l'Intérieur, de l'Agriculture et du Commerce.

L'Assemblée générale est convoquée d'urgence pour régler le mode de liquidation et faire le choix des liquidateurs, comme il est dit ci-dessus. A défaut par elle d'avoir, au jour fixé pour sa réunion, ou dans une seconde Assemblée convoquée dans le cas prévu par l'article 55, statué sur ces mesures, ou si, sa délibération n'ayant pas été approuvée par le Ministre, une nouvelle Assemblée ne la modifie pas dans le sens indiqué par le Gouvernement, le mode de liquidation et le choix des liquidateurs auront lieu conformément aux dispositions du règlement d'administration publique à intervenir en exécution de l'article 49 du Décret du 28 février 1852.

Après l'expiration ou la dissolution anticipée de la Société, les liquidateurs devront continuer les opérations en cours jusqu'à l'exécution complète de toutes les obligations que la Société avait contractées.

Toutefois, les liquidateurs pourront, en vertu d'une délibération de l'Assemblée générale, approuvée par le Ministre de l'Intérieur, faire le transport à une autre Société des droits, actions et obligations de la Compagnie dissoute.

Pendant le cours de la liquidation, les pouvoirs de l'Assemblée

9

TEXTE MODIFIÉ. OBSERVATIONS.

Art. 96.

Toutes les contestations qui peuvent s'élever entre les associés sur l'exécution des présents Statuts sont soumises à la juridiction des tribunaux de Paris.

Les contestations touchant l'intérêt général et collectif de la Société ne peuvent être dirigées, soit contre le Conseil d'administration ou l'un de ses membres, soit contre le Gouverneur, qu'au nom de la masse des Actionnaires et en vertu d'une délibération de l'Assemblée générale.

Tout Actionnaire, qui veut provoquer une contestation de cette nature, doit en faire, quinze jours au moins avant la prochaine Assemblée générale, l'objet d'une communication au Gouverneur, qui est tenu de mettre la proposition à l'ordre du jour de cette Assemblée.

Si la proposition est repoussée par l'Assemblée, aucun Actionnaire ne peut la reproduire en justice dans son intérêt particulier ; si elle est accueillie, l'Assemblée générale désigne un ou plusieurs commissaires pour suivre la contestation.

Les significations auxquelles donne lieu la procédure sont adressées uniquement aux commissaires.

Aucune signification individuelle ne peut être faite aux Actionnaires.

L'article 96 nouveau correspond à l'article 109 ancien.

TITRE XI.

Dispositions particulières.

Art. 97.

Le Conseil d'administration peut autoriser, sur dépôt ou nantissement d'engagements hypothécaires souscrits au profit des Sociétés de Nevers et de Marseille, soit des avances, soit la création d'obligations foncières pour une valeur qui ne peut jamais dépasser le montant des engagements affectés à leur garantie.

Art. 98.

Le Conseil peut, avec l'autorisation du Gouvernement, faire

Le Titre XI nouveau n'a pas de correspondant dans les anciens Statuts.

Les articles 97 et 98 nouveaux seront supprimés si le Gouvernement approuve les traités de fusion passés ou projetés entre le crédit foncier de France et les Sociétés de Nevers et de Marseille.

générale se continuent comme pendant l'existence de la Société. Elle a notamment le droit d'approuver les comptes de la liquidation et d'en donner quittance.

La nomination des liquidateurs met fin aux pouvoirs des Administrateurs, des Directeurs et des Censeurs.

TITRE XIII.

Contestations.

ART. 109.

Toutes les contestations qui peuvent s'élever entre les associés sur l'exécution des présents Statuts sont soumises à la juridiction des tribunaux de Paris.

Les contestations touchant l'intérêt général et collectif de la Société ne peuvent être dirigées, soit contre le Conseil d'administration ou l'un de ses membres, soit contre le Directeur, qu'au nom de la masse des actionnaires et en vertu d'une délibération de l'Assemblée générale.

Tout Actionnaire qui veut provoquer une contestation de cette nature doit en faire, quinze jours au moins avant la prochaine Assemblée générale, l'objet d'une communication au Conseil d'administration, qui est tenu de mettre la proposition à l'ordre du jour de cette Assemblée.

Si la proposition est repoussée par l'Assemblée, aucun Actionnaire ne peut la reproduire en justice dans son intérêt particulier ; si elle est accueillie, l'Assemblée générale désigne un ou plusieurs commissaires pour suivre la contestation.

Les significations auxquelles donne lieu la procédure sont adressées uniquement aux commissaires.

Aucune signification individuelle ne peut être faite aux Actionnaires.

TEXTE MODIFIÉ.	OBSERVATIONS.

tous traités tendant, soit à s'incorporer ces Sociétés, soit à en opérer la liquidation, soit enfin à étendre aux départements qui forment leurs circonscriptions les opérations du Crédit foncier de France.

TITRE XII.

Publication.

Art. 99.

Pour faire publier les présents Statuts tous pouvoirs sont donnés au porteur d'une expédition.

Art. 100.

Les dispositions du Règlement d'administration publique du 18 octobre 1852 sont applicables aux présents Statuts, sauf celles auxquelles il a été dérogé par le Décret du 6 juillet 1854.

Le Titre XII nouveau correspond au Titre XIV ancien.

L'article 99 nouveau reproduit textuellement l'article 110 ancien.

L'article 100 nouveau correspond à l'article 111 ancien, sauf l'addition relative au droit du Gouverneur de viser les lettres de gage en vertu du Décret du 6 juillet 1854 (Art. 1er).

Les dispositions transitoires sont aujourd'hui sans objet par cela seul qu'elles n'étaient que transitoires, et celles additionnelles sont aussi sans objet au moyen de l'annulation de la Convention du 18 novembre 1852, par le Décret du 21 décembre 1853.

TEXTE PRIMITIF.OBSERVATIONS.

TITRE XIV.

Publication.

Art. 110.

Pour faire publier les présents Statuts partout où besoin sera, tous pouvoirs sont donnés au porteur d'une expédition.

Art. 111.

Les dispositions du règlement d'administration publique à intervenir aux termes de l'art. 49 du Décret du 28 février 1852 sont applicables aux présents Statuts.

Disposition transitoire.

Art. 112.

MM. Drouyn de Lhuys, A. d'Eichthal et Wolowski sont constitués mandataires de tous les intéressés, à l'effet de suivre l'obtention du décret approbatif des présents Statuts, consentir les modifications exigées par le Gouvernement et signer tous les actes nécessaires pour la constitution définitive de la Société.

Ils agiront valablement à la majorité.

Le décès, la retraite ou tout empêchement de l'un d'eux n'apportera aucune altération aux pouvoirs des autres.

Dispositions additionnelles.

I.

Le *Crédit foncier de France* s'engage à prêter sur hypothèque, jusqu'à concurrence de deux cents millions de francs, à raison d'une annuité de cinq pour cent, qui comprendra l'intérêt, l'amortissement et les frais d'administration, et qui éteindra la dette en cinquante années.

Pour les emprunts d'une moindre durée, l'annuité sera établie sur les mêmes bases que ci-dessus, de manière à correspondre à l'annuité de cinq pour cent fixée pour cinquante années.

II.

Après le placement des deux cents millions ci-dessus men-

<table>
<tr><td>

TEXTE PRIMITIF.

tionnés, la Société continuera de prêter, d'après les bases indiquées dans le précédent article, lors même que, pour se procurer les fonds nécessaires, elle serait obligée d'affecter au service de ses obligations émises, jusqu'à concurrence d'un quart, la part qui lui est allouée à titre de frais d'administration.

III.

La somme de deux cents millions de francs, que la Société s'engage à prêter aux termes de l'art. I, sera distribuée entre les divers départements, proportionnellement à la dette hypothécaire actuellement inscrite; l'état de cette distribution sera soumis au Ministre de l'intérieur.

Cette proportionnalité cessera pour ceux des départements où il n'aura pas été formé, avant le premier janvier mil huit cent cinquante-quatre, des demandes d'emprunt s'élevant à la part qui leur sera attribuée en vertu du présent article.

La somme restant libre, par défaut de demande dans un ou plusieurs départements, sera répartie dans les mêmes proportions entre les autres départements.

IV.

Lorsque l'annuité demandée aux emprunteurs ne dépassera pas le taux fixé par les art. I et II, les remboursements anticipés seront effectués, soit en obligations foncières au pair, de même nature et de même année d'émission que les titres créés en représentation de l'emprunt, soit en numéraire pour une somme égale à celle que la Compagnie aura à payer au porteur de ses obligations en capital et prime.

Néanmoins, dans ce dernier cas, il sera fait remise à l'emprunteur, sur le montant total de la prime, de un et demi pour cent, pour chaque année écoulée depuis l'emprunt jusqu'au remboursement.

La prime ne pourra dépasser vingt pour cent.

Dans tous les cas de remboursement anticipé prévus par le présent article, l'indemnité allouée à la Compagnie par l'article 75 des Statuts sera réduite à deux pour cent.

Il n'est pas dérogé à l'article 80 des Statuts pour les remboursements anticipés qui auront lieu en cas de sinistres.

V.

La Société s'engage, en outre, en faveur des emprunteurs qui voudront se réserver l'option de se libérer par anticipation en obligations, conformément à l'article 75 des Statuts, ou en numéraire, sans autre indemnité que celle stipulée par ledit article, à continuer à prêter, moyennant cinquante annuités de cinq francs quarante-cinq centimes pour cent, ou dans la proportion, si le délai est plus court, lors même que, pour se

</td><td>

OBSERVATIONS.

</td></tr>
</table>

TEXTE PRIMITIF.	**OBSERVATIONS.**

procurer les fonds nécessaires, elle serait obligée d'abandonner le quart de la somme allouée pour frais d'administration.

Si la Société se trouvait dans la nécessité d'élever l'annuité au-dessus du taux de cinq francs quarante-cinq centimes pour cinquante années, ou dans la proportion pour un délai plus court, elle devrait toujours abandonner à l'emprunteur le quart desdits frais d'administration.

VI.

Le bénéfice qui pourra être réalisé par la Société sur la négociation des obligations sera consacré pour moitié à la composition d'un fonds spécial de réserve, destiné à maintenir l'intérêt au taux le plus favorable aux emprunteurs.

Paris, imprimerie de Paul Dupont, 45, rue de Grenelle-Saint-Honoré.